非遗传承与文化遗产保护法律机制研究

徐淑娴　张博文　刘　磊　著

中国商业出版社

图书在版编目(CIP)数据

非遗传承与文化遗产保护法律机制研究 / 徐淑娴，张博文，刘磊著. -- 北京 ：中国商业出版社，2024. 7.

ISBN 978-7-5208-3024-9

Ⅰ. D922.164

中国国家版本馆 CIP 数据核字第 2024A6N482 号

责任编辑:管明林

中国商业出版社出版发行

（www.zgsycb.com　100053　北京广安门内报国寺 1 号）

总编室:010－63180647　编辑室:010－83114579

发行部:010－83120835/8286

新华书店经销

天津和萱印刷有限公司印刷

*

787 毫米×1092 毫米　16 开　7.25 印张　125 千字

2024 年 7 月第 1 版　2024 年 7 月第 1 次印刷

定价:45.00 元

*　*　*　*

前　言

非物质文化遗产（以下简称非遗）与物质文化遗产是文化遗产的重要组成部分，它们代表了人类创造力的丰富性，对于理解一个社区、一个民族乃至全人类的历史和传统具有无可替代的作用。随着社会变革的加速和全球化的推进，许多非遗和文化遗产面临着消亡的危险。对非遗与文化遗产的保护和传承成为一个全球性的关注焦点。

在此背景下，对非遗传承与文化遗产保护法律机制的研究变得至关重要。法律机制的设立与完善，不仅对非遗与文化遗产的认定、保护、传承和推广等方面提供了法律依据，也为防止文化资源的流失，维护文化的多样性和人类文化的可持续发展提供了保障。

本书从非遗传承与文化遗产入手，对非遗传承的法律保护、文化遗产的法律保护进行了介绍与分析，并对非遗传承与文化遗产保护法律机制的构建进行了研究。希望本书能够为读者在非遗传承与文化遗产保护法律机制研究方面提供参考与借鉴。

在写作过程中，笔者参阅了相关文献资料。由于水平有限，疏漏和不足之处在所难免，希望广大读者批评指正，并衷心希望同行不吝赐教。

著　者

2024 年 5 月

目　录

第一章　非遗传承与文化遗产

第一节　非遗传承的概述

一、非遗传承的定义与分类

（一）非遗传承的定义

非物质文化遗产（以下简称非遗）的传承可以被理解为一种跨代文化传承的过程，涉及非物质遗产的知识、技能、价值观念、表演形式等方面。通过传承，非遗得以保存、弘扬，并得以适应当代社会的需求。

非遗传承不仅仅是简单的知识传递，它还涉及非物质文化遗产的价值认同和内涵的传播。在非遗传承过程中，不仅要保留非遗的实质，还要注重非遗的创新与发展。非遗传承不仅仅限于技能的传递，还涉及非遗所承载的文化精神以及社会认同的传承。

在非遗传承的定义中，我们还需要强调一个关键的概念，那就是“可持续性”。非遗的传承必须具备可持续性，即能够在不同的历史时期和社会环境下得以保护和发展。对于非遗传承人来说，他们需要传承非遗的精神与技艺，并且不断创新，以使非遗得以与当代社会相契合。非遗传承的可持续性是非遗传承工作的重要目标之一，也是非遗传承价值的重要体现。

非遗传承的定义是一个动态的过程，随着社会的发展和文化的变迁，其定义也会发生变化。我们在研究非遗传承问题时，需要不断审视和更新对于非遗传承的定义，以更好地适应时代的需求和发展的要求。

（二）传统非遗传承分类

传统非遗传承是指那些具有悠久历史和深厚文化底蕴的非物质文化遗产的传承方式和形式。对于传统非遗传承，可以进一步将其分为口传、师徒传承、家族传承和区域传承等几种类型。

1. 口传

通过口头传承，非遗项目的技艺和知识传递给后代，确保其不断传承下去。这种传承方式多见于民间艺术，如各地的民歌、说唱和戏曲等。通过口头传承，非遗项目的技艺和文化内涵可以得到保护和延续。

2. 师徒传承

在这种传承形式中，非遗项目的传承人作为师傅，亲自教导学徒，传授技艺和经验。师徒传承注重实践和亲身指导，使非遗项目的传承人能够逐渐熟练掌握技艺，并且对非遗项目背后的文化和价值有更深入的理解。

3. 家族传承

这种形式的传承在一个家族内部进行，非遗项目的传承人通常是家族中的一员。家族传承不仅传承了非遗项目的技艺和知识，更重要的是传承了家族的记忆和文化传统。这种方式可以保持非遗项目的传承在特定家族中代代相传，形成家族的独特文化氛围。

4. 区域传承

由于地域的特殊性和环境差异，不同地区对于非遗项目的传承方式和形式也有所不同。区域传承注重保护和发展本地的非遗项目，通过在特定地域中传承和发扬非遗项目，不仅保护了非遗项目的技艺，也保留了地方文化的独特性。

（三）现代非遗传承分类

现代非遗传承分类的出现是基于对传统非遗的创新与演变。在当今社会背景下，非遗传承不再只局限于传统的技艺与表演形式，还包括一系列新兴的传承方式与内容。

1. 科技与数字化传承

随着科技的发展，传统非遗得以通过现代技术手段进行记录、保存和传承。数字化技术的运用使得非遗文化能够在虚拟空间中重现，通过多媒体展示，将非遗技艺展示给更广泛的受众。例如，通过网络平台或手机应用，人们可以随时随地学习、欣赏和交流非遗技艺，使传统文化与现代生活相互融合。

2. 非遗与时尚的结合

随着时尚产业的发展，越来越多的设计师将传统非遗元素融入时尚设计中，通过将非遗技艺应用于服装、配饰等领域，传承着非遗的同时赋予了它们新的时尚价值。这种传承方式不仅能够吸引更多年轻人的关注与参与，也为传统非遗注入了新的生命力。

3. 社区与社群参与的分类

社区与社群作为非遗传承的基础，承担着非遗技艺的学习、传承和实践。通过建立非遗传承的社群网络，人们可以共同参与非遗项目的研究、探索和传承，形成了一个互助互学的非遗传承生态系统。社区与社群参与的非遗传承为非遗文化的传播与传承提供了可持续的基础。

二、非遗传承的范围

（一）地理范围

地理范围是非遗传承的重要方面，它指的是非物质文化遗产传承的地理分布范围。非遗传承的地理范围可以涵盖国家、地区乃至全球。在不同的地理范围内，非遗传承的内容和形式会产生差异，这反映了地域性和民族性的特点。

从国家层面来考察非遗传承范围。各个国家都有自己的非物质文化遗产传承制度。例如，中国将非遗传承工作纳入国家政策体系，在全国范围内组织开展保护、传承和发展非遗项目。而其他国家也有类似的制度和举措，以保护和传承自身的非物质文化遗产。在国家层面上，非遗传承的范围涵盖了全国各地的非遗项目和基地。

地理范围还可以从地区维度来考量。一个地区可以是一个省、州、自治区，也可以是一个城市、县城。在某个地区内，非遗传承的范围可能更加具体和集中。例如，某个地区可能涵盖了特定的非遗项目和相关传承机构，这些项目和机构在地区内形成了重要的文化符号和社会共识。在这种情况下，地区范围成为非遗传承工作的重点。

地理范围也可以延伸到全球范围。非遗项目作为人类共同的文化遗产，具有普遍价值和吸引力。跨国的非遗项目，如舞蹈、音乐、传统手工艺等，往往具有超越国界的影响力。国际性的组织和活动，如联合国教科文组织非物质文化遗产代表作名录，为全球范围内的非遗传承提供了平台和机会。

地理范围是非遗传承不可忽视的方面。不同的地理范围内，非遗传承的内容和形式可能存在差异，但共同点是它们承载着地域性和民族性的文化特征。非遗传承的地理范围可以从国家、地区乃至全球来考察，这有助于实现非遗的保护、传承和发展。在未来的工作中，更加注重地理范围的特点和需求，为非遗传承工作提供科学的指导和支持。

（二）文化范围

在非遗传承中，文化范围是一个重要的维度。非遗传承的范围不仅仅涉及地理上的分布，也涵盖了文化内涵的传承。文化范围对非遗传承的影响是深远而多样的。

文化范围反映了不同地域、民族、文化群体的非物质文化遗产的差异性。每个地方都有其独特的文化传统，这些传统形成了一种独特的非物质文化遗产。例如，在中国的不同地区，发现了戏曲、传统音乐、传统工艺等各具特色的非遗项目。这些非遗项目在一定程度上体现了不同地区的文化底蕴和生活方式。文化范围在非遗传承中，对于了解和认识地域文化的多样性、丰富性具有重要意义。

文化范围也反映了文化传承的扩展和交流。在全球化背景下，文化的传播不再受限于地理边界，而是越来越多地发生在跨文化的交流中。非遗传承的文化范围也呈现出扩大的趋势。不仅仅是在国内，在国际上交流与合作，也使非遗项目的传承范围更为广泛。如中国的京剧和太极拳等非遗项目，已经在许多国家得到了广泛的传播和认可。这种跨文化的传承和保护，不仅丰富了非遗项目的内涵，也为非遗传承注入了新的活力。

文化范围在非遗传承中还展现了文化的动态性和发展性。随着社会的变迁和人们观念的改变，某些非物质文化遗产可能会受到现代化进程的压力和冲击而逐渐消失。由于非遗传承的不断努力，有些非物质文化遗产得以焕发新生，融入当代社会并适应现代需求。文化范围的理解和调整，促进了非遗传承与现代社会的有机结合，使得非物质文化遗产的传承更具现实意义。

（三）社会范围

非遗传承的社会范围是指非物质文化遗产传承在社会中所涉及的范畴和影

响。非遗传承的社会范围不仅仅局限于非遗传承人和相关传承机构，而是包括整个社会各个层面的参与和影响。

非遗传承的社会范围涉及广大市民和公众的参与。作为一项民族文化的传承，非遗的保护与传承需要得到社会各界的认可和支持。在社会范围内，广大市民和公众是非遗传承的主要受众和传播者。他们通过观摩、参与和体验非遗项目，成为非遗传承活动的积极参与者，同时还能通过亲身经历和互动交流，加深对非遗文化的理解和认同。

非遗传承的社会范围还包括各级政府和相关部门的参与。政府作为主导非遗保护和传承工作的机构，扮演着非常重要的角色。各级政府应该制定和实施相关政策，提供资金、场所和人力资源支持，保障非遗传承的顺利进行。政府还应该加强对非遗保护和传承的宣传与推广工作，提高公众对非遗的认知和重视程度。

非遗传承的社会范围还包括相关的非营利组织、专业机构和社区组织的参与。这些组织和机构在非遗保护和传承中发挥着重要的辅助和支持作用。它们通过开展培训、研究和推广活动，促进非遗传承人的技艺传承和交流。组织各类展览、演出和文化活动，将非遗文化推向更广大的受众，增加其影响力和传播力。这些非营利组织和机构的参与，能够形成非遗传承的良好环境和氛围。

三、非遗传承的内容与形式

（一）非遗传承的内容

在非遗传承中，内容是至关重要的，它涵盖了非遗项目所传承的具体技艺、工艺、知识等方面。非遗传承的内容是非遗项目所包含的精髓，是我们传统文化遗产的核心。在非遗传承的过程中，我们必须充分理解和把握非遗项目的内容，以确保其得以传承和发扬。

非遗传承的内容包括丰富多样的技艺。不同的非遗项目涵盖了各种各样的技艺，例如，编织、雕刻、陶艺、书法等。每个非遗项目都有其独特的技艺要求和传承方式，深入研究非遗项目的技艺内涵，掌握其中的要点和精华，才能真正实现传承。

非遗传承的内容还包括与非遗相关的传统工艺。在传统的手工艺领域，有许多非遗项目与之紧密相连。比如，中国的剪纸艺术、景泰蓝、传统扎染等，都是具有悠久历史和独特魅力的传统工艺。在非遗传承中，认真研究这些传统工艺的技术要领和传承方式，以便将其传承给后代。

非遗传承的内容还包括重要的传统知识。非遗项目通常蕴含着丰富的传统知识，例如，医药知识、农耕技术、民间传说等。这些传统知识是我们宝贵的文化遗产，需要通过非遗传承得以保留和传承。

（二）非遗传承的形式

在非遗传承过程中，形式起着至关重要的作用。形式不仅可以传达非遗的内涵，也能够吸引更多的人参与到非遗的传承中来。

1. 口传

口传是一种传统的传承方式，通过口头语言的传递将非遗技艺、知识和经验代代相传。这种形式不仅可以保留非遗的独特风格和技巧，还能够确保其纯正性和原创性。通过口述，师傅能够传授给学徒更多的细节和技巧，使得非遗技艺能够得以完整地传承下去。

2. 实践活动

实践活动是通过实际操作和实地体验来进行非遗传承的方式。比如，在传统手工艺的传承中，学员需要亲自动手参与各种制作过程，从原材料的选择到工艺的熟练运用，通过不断地实践和体验，才能够真正理解和掌握非遗技艺的精髓。

3. 展览演出和交流活动

通过展览演出，非遗技艺得以展示给更广泛的观众，让人们更好地了解和接触到非遗文化。而交流活动则可以促进不同地区、不同族群之间的非遗文化交流，使得非遗传承更加多元化和多样化。交流活动还能够创造更多的机会，让传统匠人和新一代传承人进行面对面的互动，促进技艺的传承和创新。

4. 数字化传承和互联网传播

随着科技的发展，数字化传承已经成为一种新的趋势。通过数字化手段记录和保存非遗技艺，可以更好地保证非遗的传承和流传。而互联网传播则能够将非遗文化推广到更广阔的领域，使得更多人了解和感受非遗的魅力。

这些形式不仅可以有效促进非遗的传承，还能够让更多的人参与到非遗保护和传承的事业中来，从而实现非遗的传承与发展。非遗的传承形式的多样性，为我们探索非遗传承的新路径提供了更多可能性。

四、非遗传承的特点与价值

（一）非遗传承的特点

1. 多元性

非遗传承所涉及的各个方面以及表现形式十分丰富多样。从技艺传承到口述传统、从节日庆典到戏曲表演，看到非遗传承的内容涵盖了广泛的领域。这种多元性使得非遗传承不仅能够满足人们对于文化的多样需求，同时也为各个地域和群体保留了特有的文化特色。

2. 动态性

非遗传承不是僵化地将传统文化保留下来，而是在传承的过程中与时俱进，与社会变迁相结合。传承人在传承中对传统技艺进行创新和发展，使之与现代社会相衔接。这种动态性不仅为非遗传承注入了新的活力，也让传统文化得以在当代社会中焕发出鲜活的生命力。

3. 参与性

非遗传承不再是少数人的事情，而是广大民众的共同参与和关注。传承的过程不仅仅是师傅传徒弟的传承模式，更是通过社区、学校、媒体等多种渠道，将非遗文化传递给更多人。这种参与性使得非遗传承成为整个社会的共同事业，也更好地实现了非遗文化的传承和保护。

4. 可持续性

非遗传承在保护传统文化的同时也要注重其可持续性发展。在传承的过程中，注重培养年轻一代的传承人，加强对传统技艺的培训和传授。也注重非遗产业的发展，通过市场化运作，为非遗传承提供经济支持，实现非遗传承工作的长期可持续发展。

（二）非遗传承的文化价值

非遗传承对于传统文化的继承和传播起到了重要的作用。传统文化是一个民族的精神基因，是历史的积淀和智慧的结晶，通过非遗传承的实施，能够将这些传统文化元素传递给后代，让他们了解、认识和感受自己文化的独特之处。

非遗传承对于文化多样性的保护也具有重要意义。每个地区、每个民族都有自己独特的传统文化，其中包含着丰富的艺术表达、技艺和知识。非遗传承致力于保护各个地方独有的非物质文化遗产，保护和弘扬不同文化之间的差异，使得世界文化在多样性中得以发展和繁荣。

非遗传承还能够促进社会的可持续发展。在时代的不断变革中，许多非物质文化遗产面临着消亡和失传的危险。而非遗传承的实施，能够保护这些传统技艺、民间工艺和文化表达方式，保持社会的文化连续性和稳定性。同样重要的是，非遗传承为非物质文化遗产的传承人提供了传授技艺、发展自身才能的机会，从而带动社会就业和经济发展，促进社会经济繁荣和可持续发展。

非遗传承对于培养人们的文化认同感和自豪感也有着积极影响。非遗传承通过丰富的传统文化活动、展览和演出，向公众展示了传统技艺和文化表达的独特魅力。这不仅增加了公众对传统文化的兴趣和理解，还使人们更加深入地认识到自己所处的文化环境的价值与重要性，从而激发对自己文化传统的认同感和自豪感。

非遗传承的文化价值体现在对传统文化的继承和传播、文化多样性的保护、社会的可持续发展以及人们的文化认同感和自豪感等方面。只有充分认识和重视非遗传承的文化价值，我们才能更好地保护和传承非物质文化遗产，为社会的进步和文化的繁荣贡献力量。

（三）非遗传承的社会价值

非遗传承能够促进社会的文化多样性和民族认同感。传统的非遗项目代表着民族的文化精神和独特的生活方式，通过传承保护，这些文化元素能够得以传承并在社会中得到展示。这不仅提升了文化多样性，也加强了民族的认同感，促进了社会的凝聚力和稳定性。

非遗传承对于经济发展具有积极的推动作用。许多非遗项目以其独特的技艺和工艺技术闻名，具备一定的市场竞争力。通过传承与创新，非遗传承人能够将传统的非遗项目与现代生产需求相结合，开辟新的市场，创造就业机会，促进经济增长。非遗传承也能够吸引游客和消费者的关注，推动旅游和文化产业的发展，为社会经济的繁荣做出贡献。

非遗传承还能够提升社会的教育价值。传统的非遗项目蕴含着丰富的知识和技能，通过传承，这些知识和技能能够得到保留和传播。非遗传承人不仅能够将这些传统技艺传授给后代，还能够通过相关的教育活动和培训课程来传播非遗的文化知识和价值观念。这不仅有助于培养人们对传统文化的认同感和自豪感，也能够提高人们的创造力和综合素质，对社会的人才培养和文化建设起到积极的推动作用。

非遗传承还能够增强社会的凝聚力和社会和谐。非遗项目是代代相传的文化遗产，通过传承，能够将这种历史和文化传统延续下去。这不仅有助于加强社会成员之间的沟通和交流，也能够增强社区、家庭、团体之间的联系与凝聚力。非遗传承人通常具备较高的职业道德和责任感，他们不仅传承技艺，还积极参与社会公益活动，传播社会价值观念，促进社会的和谐稳定。

第二节　文化遗产的概述

一、文化遗产的定义与分类

（一）文化遗产的定义

文化遗产是指一个国家或一个民族通过世代努力、不断积累和创造的物质和非物质资源的集合，代表了一定的历史、文化、社会和艺术特征。它们是人类历史的见证，承载着独特的文化内涵和价值。

1. 文化遗产具有历史性

这意味着它们承载了过去的记忆，记录了人类社会和文明的发展轨迹。无论是古代的建筑、器物，还是书籍、手稿等文献资料，都能够向我们展示古代社会的面貌，使我们能够更好地了解历史进程。

2. 文化遗产具有文化性

它们是特定社会和群体的独特文化表达形式，反映了一定历史和文化背景下的思想、信仰、价值观等方面。例如，民间艺术品、传统戏剧、音乐、舞蹈等，都代表了特定文化的自我表达和创造。

3. 文化遗产具有社会性

它们不仅是一种文化资产，更是社会认同和共同记忆的重要标志。文化遗产的保护和传承，不仅仅是个体的责任，更是整个社会共同关心和参与的事业。它们可以提升人们的文化自信心，促进社会凝聚力和文化认同感。

4. 文化遗产具有艺术性

许多文化遗产作品以其独特的审美价值而受到广泛关注和赞誉。这些作品包括古代建筑、雕塑、绘画、文学作品等，它们既反映了历史和文化，同时也展示了人类的创造力和艺术天赋。

文化遗产是一种独特而宝贵的资源，代表了人类社会和文明的精髓。它们的保护和传承，对于维护历史记忆、促进文化多样性和推动社会发展至关重要。加强文化遗产的保护与传承工作，使其得以永恒流传并为人类所共享。

（二）文化遗产的一般分类

对于文化遗产的一般分类，主要可以分为自然遗产、人文遗产以及非物质文化遗产等几个方面。

1. 自然遗产

自然遗产是指地球上具有自然界普遍性和典型性特征的物质现象或动力要素。自然遗产以其独特的自然景观、地质构造、生物多样性等特点，展现了地质演化、生态系统发展以及生物进化等自然过程的痕迹。比如，世界自然遗产中的大峡谷、黄山等，都是以其自然形成的独特景观而闻名于世。

2. 人文遗产

人文遗产是指人类社会历史进程中留下的有关文化、历史、艺术、社会制度等方面的物质和非物质遗产。人文遗产因其具有反映人类历史和社会发展的特点，具有文化传承、历史记忆以及心灵共鸣等意义。比如，世界文化遗产中的长城、故宫、阿布辛贝神庙、巴黎圣母院等，都是以其独特的建筑风格、历史背景和文化内涵而备受瞩目。

3. 非物质文化遗产

非物质文化遗产是指一种人类在社会实践中创造、传承的、滋养了人类世代生活的文化现象。非物质文化遗产主要包括口头传统和表演艺术、社会实践、舞蹈、音乐、有关仪式、庆典、社会风俗、演技、口述历史、传说和说唱艺术、口头科学和伦理观念等。非物质文化遗产具有口头传承、民间艺术、社区参与等特点，保护了人类独特的文化传统和生活方式。比如，中国的昆曲、印度的卡塔克舞等非物质文化遗产，都以其独特的表现形式和文化内涵而备受赞赏。

这些不同类别的文化遗产，各自具有独特的形式和内容，并且都承载着人类历史、文化、科学和社会发展的宝贵经验和智慧。在实践中，综合运用不同分类的文化遗产，共同推动人类社会的进步和文化的传承。

（三）特殊类型的文化遗产分类

在文化遗产的一般分类之外，还存在着一些特殊类型的文化遗产。这些特殊类型的文化遗产往往因其独特之处而值得重视和保护。

在文化遗产的特殊类型中，有一类是具有宗教意义的遗产。这些文化遗产与宗教信仰紧密相关，具有独特的宗教仪式、建筑物以及艺术品和手工艺品等。例如，许多教堂、寺庙和神庙都被视为宗教文化遗产，它们承载着人们对于宗教信仰的虔诚和崇敬之情。这些宗教文化遗产不仅代表着一种宗教体系，也反映了人们对于宗教信仰的表达和追求。

还有一类特殊类型的文化遗产是与自然环境密切相关的。这些文化遗产包括自然景观、自然保护区以及与自然环境紧密相连的建筑物和遗址等。例如，世界自然遗产地中的一些地区便是兼具自然和文化价值的独特景观，如大峡谷和瀑布群等。这些自然文化遗产不仅代表着地球上的珍贵资源，也展示了人类与自然环境的和谐共生。

还有一类特殊类型的文化遗产是与技术和工艺相关的。这些文化遗产表现出了人类对于工艺技术的独特理解和创造力。它们包括传统的手工艺品、古代的建筑工艺和技术，以及历史上的工业遗产等。这些技术和工艺文化遗产不仅显示了人类智慧的结晶，也体现了不同时期的生产方式和社会经济发展。

特殊类型的文化遗产在其独特性和价值方面与一般的文化遗产有所区别。它们可能具有宗教、自然环境或技术工艺等特殊属性，反映了不同背景下的文化表达和人类智慧的发展。在保护和传承这些特殊类型的文化遗产时，深入理解它们的背后故事和意义，同时注重与环境的协调和保护，以确保其独特性得以继承和弘扬。

二、文化遗产的范围

（一）文化遗产的物质范围

在文化遗产的范围中，物质范围指的是那些以具体实物形式存在并承载着文化价值的遗产。物质范围包括各种具体的物质实体，例如，建筑物、考古遗址、艺术品、工艺品等。

1. 建筑物

这些建筑物可能是古老的宫殿、庙宇、城堡，也可能是传统的民居、街道建筑。它们通过其独特的建筑风格、建造技术以及历史意义，展现着特定历史时期和文化背景下的人类智慧和审美追求。这些建筑物不仅仅是物质的实体，更是文化传承的载体，具有重要的历史、艺术和社会意义。

2. 考古遗址

考古遗址是指由人类活动遗留下来的具有历史、文化价值的遗址或遗迹。这些遗址通常包括古代城市、墓地、工坊、古战场等。通过考古发掘和研究，了解远古时期的人类活动和文明发展的脉络，从而更好地理解人类的历史和文化。

3. 艺术品和工艺品

艺术品包括绘画、雕塑、音乐、戏剧和舞蹈等各种艺术形式，能够通过艺术家的创作表达特定时代和文化的美学观念及情感体验。工艺品则是通过人类技艺和智慧创造出来的实用品或装饰品，以其独特的设计和制作工艺成为文化遗产的一部分。

（二）文化遗产的非物质范围

文化遗产的非物质范围涵盖了一系列非实体的文化元素，包括传统的口头表达、表演艺术、社会实践、仪式和庆典、习俗、知识与实践技术、传统手工艺等。这些非物质的文化遗产是人类智慧和创造力的结晶，承载着丰富的社会文化内涵。

1. 口头传统表达

它包含口头传统表达、民间故事、史诗、谚语、歌谣等。这些传统的口头表达方式是代代相传的智慧和经验，反映了社会的价值观、信仰体系以及历史和文化的发展状况。

2. 表演艺术

传统舞蹈、音乐、戏剧等艺术形式承载着人们对美的追求和审美欣赏。这些表演艺术不仅是文化的娱乐形式，更是一种文化传承和交流的载体，能够将历史、故事和技能传达给后代，并体现特定社会群体的身份认同和文化价值。

3. 社会实践

它包括农耕、渔猎、手工业、商业等经济活动，还包括传统的节日、婚丧嫁娶等社会习俗。这些实践展示了人们与自然环境的相互关系，反映了社会组织和生活方式的特点。

4. 传统知识与实践技术

它包括传统医药、农业技术、建筑技艺等。这些知识和技术传承了世世代代的智慧和经验，代表了人类对自然的认知和对生活的理解。

（三）文化遗产的自然与人造范围

在文化遗产的范围中，一个重要的维度是自然与人造。文化遗产不仅包括人类创造的物质实体，还包括与自然相互关联的元素，这些元素形成了文化遗产的自然与人造范围。

文化遗产的自然范围涉及自然景观、地貌特色以及自然环境等。自然景观如山川、湖泊、河流等，它们承载着人类历史的记忆，代表着人类与自然和谐相处的成果。例如，黄山作为中国的文化遗产，其奇特的地貌和壮丽的自然景观吸引了无数人的关注和探索。这些自然元素不仅仅具有美学价值，更是人们对历史、传统和文化的认同与回忆。

文化遗产的人造范围包括人类创造的建筑、工艺品、艺术作品等。人类的智慧和创造力在这些物质实体上得到了充分展示。例如，故宫作为中国的文化遗产，其宏伟的建筑、精美的文物与艺术品，代表了中国古代皇家文化的精髓和独特之处。这些人造的文化遗产不仅仅是美的符号，更是人们对历史、文化和艺术的珍视和传承。

文化遗产的自然与人造范围并非孤立存在，而是相互交融、互为补充。自然元素和人造实体相互依存，共同构成了文化遗产的丰富内涵。例如，一座庙宇所建立的位置通常与自然环境息息相关，将自然景观与建筑融为一体，形成了独特的文化遗产。这种自然与人造的结合，不仅增强了文化遗产的视觉冲击力，更是将人们的想象力和情感与自然融为一体。

三、文化遗产的内容与形式

（一）文化遗产的物质内容与形式

文化遗产作为人类文明的珍贵财富，它的物质内容与形式多样丰富，包含丰富的历史、艺术、社会和文化信息。在物质内容方面，文化遗产可以包括建筑物、文物、艺术品、遗迹等。这些实体的存在，给我们提供了对历史、艺术和文化的独特见解。

1. 建筑物

历史建筑物代表着过去的时代和文化风貌，它们承载着丰富的历史信息，并反映了当时的社会制度和生活方式。比如，古代宫殿、寺庙、城墙等建筑，它们的独特设计和建造技术都成为文化遗产的一部分。

2. 文物

文物通常指的是在考古和文物保护工作中发现的古代器物或从古代墓葬中出土的各种器物。这些文物可以是陶瓷、青铜器、玉器、织物等，它们记录了古代社会的生活习俗、技术水平和艺术成就，对于研究古代文明起着至关重要的作用。

3. 艺术品

绘画、雕塑、音乐、戏剧等艺术形式都可以成为文化遗产的物质内容。例如，古代壁画和石刻巧妙地描绘了古代社会的风貌和宗教信仰，古老的音乐乐谱和乐器传承下来，成为人类文化的瑰宝。这些艺术品不仅具有审美价值，更能够传达文化的精髓和情感。

4. 遗址和遗迹

遗址和遗迹包括文明古城、历史遗址、古代墓葬、战争遗址等。它们承载着人类的历史记忆，是历史地理的见证，具有重要的历史价值和文化价值。

（二）文化遗产的非物质内容与形式

文化遗产不仅包括物质形式的遗产，还包括非物质形式的遗产。这些非物质形式的遗产通常是由人类创造和传承的各种技艺、表演、知识和实践等组成。它们以其独特的传统价值和文化意义成为人类共同的精神财富。

1. 各种技艺和手工艺

这些技艺和手工艺是人类创造的智慧结晶，通过代代相传的方式保存下来。比如，古老的传统工艺技术、手工艺品制作技巧等都属于非物质形式的文化遗产。这些技艺和手工艺代表着一种独特的文化传统和身份认同，通过不断的传承和创新，使得这些文化遗产能够延续并适应现代社会的需要。

2. 各种表演艺术形式

例如，传统音乐、舞蹈、戏剧等都是非物质形式的文化遗产。这些表演艺术形式通过演出和表演的方式传承和展示了特定文化的审美观念、情感表达和表演技艺。它们不仅是艺术的表达形式，更是文化传统的重要组成部分，传承着特定地区和群体的历史与精神。

3. 知识和实践

非物质形式的文化遗产还包括知识和实践，如口述文学、民间医药、自然保护传统知识等。这些知识和实践是以口耳相传、实践经验积累等方式传承下来的，体现了人类对自然环境和社会生活的理解和应对方式。这些知识和实践具有独特的社会功能和文化价值，对于当代社会的可持续发展和文化多样性保护具有重要意义。

在文化遗产的非物质内容与形式中，不同的遗产元素相互交织，相互影响。

例如，技艺和手工艺的传承与表演艺术形式的演绎紧密联系，相互借鉴，共同推动文化遗产的发展和传承。在这个过程中，文化遗产还在与现代社会的互动中不断更新和演变，展现出多样性和活力。

文化遗产的非物质内容与形式丰富多样，传承和保护这些非物质遗产不仅有助于维护人类多样性和文化记忆，还能够促进文化创新和可持续发展。对于非物质文化遗产的研究和保护至关重要，需要我们共同努力。

（三）文化遗产的可移动与不可移动形式

文化遗产作为人类历史和文化的重要组成部分，以其独特的价值和意义而备受关注。在文化遗产的内容与形式中，一个重要的分类标准是可移动与不可移动形式。可移动的文化遗产包括各种具体物品，如艺术品、文物、手工艺品等，它们因其物质性质而能够被搬迁和转移。而不可移动的文化遗产则主要指与特定地点或环境紧密相关的遗产，如古建筑、遗址、传统村落等，它们不易移动或更适合在原地保留。

可移动的文化遗产以其多样性和丰富性而引人注目。在这一类别中，包括各种类型的物品，如绘画、雕塑、陶瓷、铜器、书籍和手稿等。这些物品作为历史和文化的见证，丰富了我们对于过去的了解。例如，一幅古代绘画作品，不仅通过绘画技法、题材和形式，展示了当时社会的艺术风貌，还提供了研究历史、政治、宗教和社会生活等方面的珍贵线索。同样，一件精美的青铜器或者一本古老的手抄本，都能为我们重构过去的文化景观带来丰富的信息。

与可移动的文化遗产相对应的是不可移动的文化遗产。这些遗产的特点是它们紧密联系着特定的地理环境，一旦移动往往会丧失其原始的历史价值和文化价值。古建筑是一个典型的例子，这些古老而庄严的建筑物通常与特定历史时期、特定文化背景以及地域环境紧密相连。它们不仅仅是物理结构，更代表着人类智慧和文化的结晶。保留和保护这些古建筑，能够让我们更好地理解和欣赏特定历史时期的建筑风格、施工技术以及人们的生活方式和思考方式。

与此还存在一些文化遗产，它们的可移动和不可移动形式之间存在相互影响。例如，某些具体物品可能与特定的地方或环境密切相关，把它们从原始地点分离出来，会削弱它们的历史和文化意义。对于某些可移动的文化遗产，在其保护和传承的过程中，尽可能地考虑到它们的原始环境和背景，以保持其完整性和真实性。

（四）文化遗产的内容与形式的相互影响

文化遗产的内容与形式之间存在着密切的相互关系。内容是文化遗产所呈现的具体信息、知识、技艺等，而形式则是这些内容所采用的载体、表达方式和展示形态。内容与形式之间的相互关系在文化遗产的传承和保护中起着重要的作用。

文化遗产的内容影响其形式的选择。不同的文化遗产内容对应不同的表达方式和展示形态。例如，对于具有民族特色的音乐形式，其形式选择可能会更加注重传统乐器的运用和声音的表达，从而突出音乐的独特性和民族特色。而对于文学作品的传承，则可能更加注重文字的表达和书写方式，以保留原作的语言风格和艺术魅力。文化遗产的内容与形式之间的相互影响是实现文化遗产传承与保护的重要环节。

形式的选择也会对文化遗产的内容产生影响。一种特定的形式可能会对文化遗产的内容进行限定和塑造。比如，对于文学作品而言，采用诗歌形式可能会使得作品更加短小精悍，突出表达的凝练性和抒情感。而选择散文或戏剧形式，则可能使得作品更具叙事性和戏剧性，可更好地展现情节和人物形象。形式的选择对文化遗产的内容进行了一定的引导和决定。

文化遗产的内容与形式之间的相互影响还表现在其传承与创新之间的关系上。在传承过程中，文化遗产的内容与形式相互作用，相互借鉴。传统的文化遗产内容可以通过创新的形式来展示，为其注入新的活力和吸引力。相应地，新兴的形式也可以为传统的文化遗产内容注入新的诠释和解读，使得其符合当代社会的需求和审美趋势。

形式的选择和内容的塑造都受到时代和社会环境的影响。随着社会的发展和时代的变迁，文化遗产的内容和形式也在不断变化和演进。社会的需求和审美观念的转变，使文化遗产的内容和形式也随之发生变化。新的科技手段和艺术形式的出现，也为文化遗产的内容和形式注入了新的元素和创造性。文化遗产内容与形式的相互影响也是社会发展和文化传承的反映。

文化遗产的内容与形式之间存在着紧密的相互影响。这种相互关系在文化遗产的传承和保护中起着重要的作用，既体现了文化遗产的传统和独特性，又为其注入了创造性和活力。在对待文化遗产内容与形式的选择和处理上，需要充分认识其相互关系，尊重传统，同时保持创新，以促进文化遗产的传承与发展。

四、文化遗产的特点与价值

（一）文化遗产的主要特点

1. 文化遗产具有历史性

它承载着人类社会发展的历史信息和文化积淀，通过文化遗产，了解和研究过去的社会、政治、经济等方面的情况。文化遗产通过其独特的历史背景和内涵，使人们对过去的生活方式、价值观念和艺术创作等有所了解。

2. 文化遗产具有独特性

不同地域、不同历史时期的文化遗产呈现出不同的特点。例如，建筑遗产体现了当地的传统建筑风格和技艺，而物质文化遗产则展示了该地区的传统手工艺和工艺技术。这种独特性不仅体现了文化多样性，也构成了世界文化遗产的重要组成部分。

3. 文化遗产具有代表性

文化遗产通常具有代表性的地域、民族或时代特征，反映了特定历史时期和文化环境下的人们的生活和创造。通过文化遗产的研究和保护，更好地理解和认知不同文化的独特之处，促进各种文化之间的交流和对话。

4. 文化遗产具有传承性

文化遗产作为一项重要的人类非物质财富，承载着人类历史和文化的延续。它不仅需要被保护和传承给后代，还需要积极传播和推广。通过传承文化遗产，我们能够激发人们对传统文化的兴趣，激发创造力与创新力，同时也有助于维护社会稳定和文化多样性。

（二）文化遗产的社会价值

文化遗产不仅仅是一种物质的存在，更是一种社会资源，具有丰富的社会价值。文化遗产的存在对社会的认同感和凝聚力起到重要的作用。它代表着一个国家、一个民族的历史、传统和独特性，是民众对自己身份和认同的重要来源。通过保护和传承文化遗产，可以增强社会内部的凝聚力，增进社会成员的认同感，促进社会团结和稳定。

文化遗产在社会经济发展中扮演着重要角色。许多文化遗产地成为旅游景点，吸引了大量游客，带动了当地的经济发展。例如，世界文化遗产长城的修复和开发，不仅提高了旅游业的收入，也为当地居民提供了就业机会。文化遗产还可以成为创意产业的重要资源，推动文化创意产业的发展，促进经济的繁荣。

文化遗产还对社会的教育和文化传承起到关键作用。通过文化遗产的传承和展示，人们可以更好地了解和认识自己的历史和文化，培养对文化传统的尊重和保护意识。文化遗产也是一种宝贵的教育资源，可以为教育提供实践和体验的机会，激发学生的学习兴趣，培养他们的创新和表达能力。

文化遗产还能够促进文化多样性的交流与对话。每个国家、每个民族都有独特的文化遗产，通过交流和对话，可以增进不同文化之间的理解和互动，促进和谐共处。文化遗产的保护和传承，有助于世界文化多样性的维护和发展，构建一个和谐、包容的国际社会。

（三）文化遗产的历史价值

文化遗产作为一种有历史沉淀的传承，具有重要的历史价值。它承载着某个时期、某个地区的历史信息和文化记忆，是人类社会发展演变的见证。

文化遗产的历史价值体现在其传承的连续性上。通过对文化遗产的研究和保护，人们可以更好地了解过去的社会形态、文化景观和人类的生活方式。例如，古建筑是历史的见证，不仅展示了古代建筑技艺的精湛，更重要的是承载着几百年甚至几千年的历史信息，让人们能够感受到时间长河的流转。

文化遗产的历史价值还表现在其所蕴含的历史意义上。它们往往代表了某个历史时期的特定文化价值观、艺术风格和社会制度等。例如，古代中国的雕塑艺术，不仅仅是一种艺术形式，更是反映了当时社会的审美观念和文化精神。通过对这些文化遗产的研究和保护，更加全面地了解历史的发展过程，深入探索文化的多样性和丰富性。

文化遗产的历史价值还体现在其作为历史记忆的功能上。文化遗产可以帮助人们记忆和认识过去，保留和传承历史的重要事件、人物和社会现象。例如，博物馆收藏的古代文物，通过展览和解说，让人们能够感受到历史的厚重和沉淀。这些文化遗产的存在和传承，有助于激发人们的历史意识和传统文化的自豪感，促进社会的和谐与发展。

通过对文化遗产的研究和保护，我们不仅可以深刻认识历史的变迁和社会的发展，更可以感受到人类文明的持续演进和多样性。重视文化遗产的历史价值，采取有效措施加以保护和传承。

（四）文化遗产的艺术价值

文化遗产作为一种人类创造的宝贵财富，展现出丰富多样的艺术价值。艺术是人类创造力的表现，而文化遗产以其独特的艺术形式和审美价值，成为人们在审美领域中的重要探索对象。

文化遗产的艺术价值体现在它所蕴含的美学价值。各种不同形式的文化遗产，例如，建筑物、绘画、雕塑、音乐和舞蹈等，都以其独特的艺术手段和风格给观者带来视觉上的享受。比如，古代建筑物的精雕细琢、弯曲优雅的线条，在审美上具有独特魅力，成为人们欣赏和研究的对象。

文化遗产的艺术价值还展现在其传承和表达的能力上。文化遗产作为人类创造的产物，承载着不同历史时期、不同民族的文化精华。通过文化遗产的研究和传承，人们可以对过去时代的艺术成就和审美观念进行理解和感知。比如，通过研究古代绘画作品，了解到绘画在古代社会中的重要地位和艺术风格的演变。

文化遗产的艺术价值还反映在它对现代艺术的影响上。许多当代艺术家受到文化遗产的启发，将其融入自己的创作中。通过将传统艺术元素与当代艺术相结合，他们创造出了新的艺术形式和审美观念。这种创新性的交流和融合，不仅丰富了文化遗产的表达方式，也推动了艺术的发展。

第三节　非遗传承与文化遗产的关系

一、非遗传承与文化遗产的共同点与差异

（一）非遗传承与文化遗产的共同点

非遗传承和文化遗产在许多方面存在共同点。它们都是与人类的历史和文化密切相关的。无论是非遗传承还是文化遗产，都承载着丰富的历史和文化内

涵，是人类智慧和创造力的结晶。非遗传承和文化遗产都具有传承性和延续性。它们都需要通过代际传承和社区参与来保持并传承下去。只有通过后代的接受和传承，这些非遗传承和文化遗产才能得以延续并继续发展。

非遗传承和文化遗产都具有地域性的特点。非遗传承往往与特定的地区相联系，每个地区都有其独特的非遗传承项目。同样，文化遗产也常常与特定地区的历史和文化紧密相连，代表着该地区特有的文化特征。

非遗传承和文化遗产还共同具备社会认同和身份认同的功能。通过非遗传承和文化遗产的保护与传承，人们对自己的文化身份和根源产生认同感。非遗传承和文化遗产的存在，有助于增强社区凝聚力和身份认同感，促进社会和谐与发展。

（二）非遗传承与文化遗产的差异

非遗传承和文化遗产在定义上存在差异。非遗传承通常涉及口传、手工艺及传统表演等方面的技艺传承，而文化遗产则更加广泛，包括文化景观、历史建筑、文献文物等多方面。非遗传承注重的是特定的传统技艺的传承，而文化遗产更注重的是保护和传承整个社会的历史和文化。

在传承方式上，非遗传承和文化遗产也存在一些差异。非遗传承更加注重口述传承和师徒传承，强调通过亲身实践和亲密的师徒关系来传承技艺和知识。而文化遗产的传承则更加注重文献的整理和保存，借助于博物馆、图书馆等机构展示和传承文化遗产。

非遗传承与文化遗产的保护方式也有所不同。对于非遗传承，我们常见的保护方式是通过设立非物质文化遗产代表性项目名录、制定相关政策和法规等来推进其传承与保护。而对于文化遗产保护则更倾向于修复和保护历史建筑、文物等有形的遗产。

非遗传承和文化遗产在社会认知和价值认同方面也存在差异。非遗传承更多地关注的是传统技艺的延续，强调文化的多样性和个体的技艺传递。而文化遗产则更加强调历史的延续和文化的连续性，注重通过遗产的传承来维护社会的认同感和凝聚力。

（三）非遗传承与文化遗产的对比分析

非遗传承与文化遗产的对比分析是一种重要的研究方法，可以深入探讨两者之间的联系和差异。在非遗传承和文化遗产之间存在着一系列的共同点和差异，这些共同点和差异反映了非遗传承与文化遗产的本质特征以及它们对社会和文化的影响。

非遗传承与文化遗产在形式上都具有一定的相似性。无论是非遗传承还是文化遗产，都以某种物质或非物质形式存在于社会和文化之中，具有一定的历史价值和文化价值。它们都是人类智慧和创造力的结晶，体现了特定时代和地域的特色与风貌。

在价值认同上，非遗传承与文化遗产也存在着共同点。非遗传承和文化遗产都承载着人们对于历史、传统和身份认同的情感和价值。它们是集体记忆的重要组成部分，反映了社会和文化的延续与变化。无论是非遗传承还是文化遗产，都具有保护和传承文化多样性的重要作用，能够促进人们对自己文化的认同和自豪感。

非遗传承与文化遗产也存在一些显著的差异。首先是时间的差异。非遗传承侧重于活的传统文化的传承，注重以人为核心，通过口传心授等方式将非遗技艺和知识代代相传。而文化遗产则更多地关注物的传承，强调对历史遗存的保护和研究。非遗传承与文化遗产在认知方式上也存在差异。非遗传承更强调实践性和体验性，通过亲身参与和学习的方式传承和发展非遗文化；而文化遗产则更注重研究和保持原貌。

在对比分析中，发现非遗传承与文化遗产之间的相互影响。非遗传承对文化遗产的保护和传承起到了积极的促进作用。通过非遗传承的实践和传承，文化遗产得到了活化和传承的机会，更好地焕发出历史的光辉。文化遗产也为非遗传承提供了重要的基础和传统根基，使其得以在当今社会中得以延续和发展。

二、非遗传承与文化遗产的相互影响

（一）非遗传承对文化遗产的影响

非遗传承对文化遗产的影响体现在保护与传承上。非遗项目通过持续的传承活动，使得本土的文化遗产得到了保护和传承。通过参与非遗传承，人们对于自己的文化遗产有了更加深入的了解和认知，对于文化遗产的保护也有了更高的重视。非遗传承的活动也为文化遗产的传承提供了新的活力和机会，让传统文化焕发出新的光彩。

非遗传承对文化遗产的影响还体现在推广和传播上。非遗项目通过展示和演示等形式，将文化遗产的精髓传递给更多的人群。通过非遗传承的活动，人们了解到了文化遗产的独特之处，对于原本陌生的文化遗产也产生了浓厚的兴趣。非遗传承在推广和传播文化遗产的过程中，发挥着重要的作用，让更多的人了解和喜爱自己的文化遗产。

非遗传承对文化遗产的影响还表现在创新与发展上。传统的文化遗产经过非遗传承的活动，可以获得新的发展机遇。非遗传承人借鉴现代的表现形式和技术手段，将传统的文化遗产进行创新，推陈出新。这种融合和创新，不仅能够使文化遗产得到世代的传承，也使得文化遗产在创新中焕发出新的生命力和魅力。

非遗传承对于文化遗产的影响是多方面的。通过保护与传承、推广与传播、创新与发展，非遗传承为文化遗产注入了新的活力和动力，促进了文化遗产的传承和发展。非遗传承与文化遗产的相互影响是一种积极的互动关系，共同促进了中华民族丰富多彩的文化遗产的传承与发展。

（二）文化遗产对非遗传承的影响

文化遗产为非遗传承提供了重要的参考和借鉴。通过对文化遗产的研究和探索，非遗传承人可以借鉴相关的经验和技艺，丰富自身的传承内容和技艺水平。例如，在传承中国戏曲的过程中，非遗传承人可以借鉴古代剧作、演出技巧以及服饰设计等方面的文化遗产，使得传承的艺术形式更加丰富多样。

文化遗产的保护和传承意识也对非遗传承起到了积极的影响。通过对文化遗产的保护和传承，社会对于传统文化的认可和重视度得以提高，非遗传承人也能得到更多的支持和扶持。这种环境的变化使得非遗传承更加有利可图，也更加符合社会的需求。例如，随着国家对中国传统技艺的重视和推行，传统手工艺的传承人获得了更多的机会，也得到了更多的培训和保护。

文化遗产的传承也为非遗传承提供了更多的合作机会。在文化遗产的保护和传承过程中，往往需要多个机构和个人的合作才能更好地实现目标。这种合作的机制为非遗传承人提供了更多的交流和学习的机会。例如，在一些传统工艺的传承过程中，经常会有传统工艺协会、文化遗产保护机构以及非遗传承人之间的合作与交流，通过这种合作，非遗传承得以更好地发展和传承下去。

文化遗产还通过对非遗传承的影响，促进了非遗的创新与发展。在非遗传承的过程中，传承人不再仅仅局限于传统的技艺和形式，而是通过对文化遗产的吸收和融合，不断创造出新的表现形式和艺术手法。这种创新不仅增强了非遗传承的吸引力和活力，更使得非遗传承在现代社会中获得了新的生机。例如，通过对传统音乐乐器的改进和创新，非遗传承人在现代音乐表演中得以更好地表达自己的艺术追求和创造力。

文化遗产对非遗传承产生了广泛而深远的影响。从提供参考和借鉴、塑造传承环境、促进合作、推动创新等方面，文化遗产为非遗传承的发展做出了积极的贡献。深入挖掘文化遗产的潜力，推动文化遗产与非遗传承的有机融合，将对非遗传承的保护和传承起到重要的助推作用。

（三）非遗传承与文化遗产的相互促进

非遗传承的持续发展对于文化遗产的保护和传承起到了积极的促进作用。非遗传承活动的开展，不仅让传统技艺得到了传承和发展，也为相关的文化遗产提供了新的生命力。比如，通过非遗传承项目的开展，一些濒临失传的手工艺技艺得到了保护和弘扬，从而使得相应的文化遗产得以保护和传承。这种相互促进的关系有助于保护和传承文化遗产，使其在当代社会中依然具有重要的意义和价值。

文化遗产的影响也有助于促进非遗传承的发展。文化遗产作为一种具有历史、文化和社会意义的遗产，对于非遗传承的活动产生着深远的影响。文化遗产的保护使非遗传承得以有更好的环境和资源，从而发展得更加具有影响力。例如，一些历史建筑、古老的传统节日等文化遗产，作为非遗传承的载体，为传统技艺的传承和发展提供了场所和平台。文化遗产的价值也为非遗传承活动的发展提供了社会认可和支持，从而推动了非遗传承的进程。

非遗传承与文化遗产的相互促进还可以从另一个角度去理解，即是在文化遗产传承中形成了一种协同机制。非遗传承活动的开展需要文化遗产的支持和保护，而文化遗产的保护和传承又需要非遗传承的活动来继承和发展。这种协同机制使得非遗传承与文化遗产之间形成了一种良性循环，进一步推动了文化遗产的保护和非遗传承的发展。

非遗传承与文化遗产之间存在着相互促进的关系。非遗传承活动促进了文化遗产的保护和传承，而文化遗产的影响也有助于非遗传承的发展。非遗传承与文化遗产之间还形成了一种协同机制，使得非遗传承与文化遗产之间的关系更为紧密。这种相互促进的关系为非遗传承与文化遗产的保护和发展提供了重要的推动力，也为我们在当代社会中传承和传扬优秀传统文化提供了重要的经验和启示。通过深入研究和探索非遗传承与文化遗产之间的相互促进关系，更好地推动非遗传承的发展，使其在当代社会中发挥更大的作用。

（四）非遗传承与文化遗产的相互制约

非遗传承的成功与否受到文化遗产的保护与传承的影响。文化遗产作为非遗传承的基础，为非遗传承提供了历史背景、技艺技法以及文化符号等重要元素。例如，传统的戏曲表演是我国丰厚的文化遗产之一，戏曲表演技艺的传承与发展需要有丰富的剧本、角色扮演以及舞台布景等文化遗产作为支撑。如果没有丰富的文化遗产作为基础，非遗传承将难以立足和发展。

文化遗产的保存与传承也受到非遗传承的影响。在非遗传承的过程中，对于文化遗产的保护与传承，都要求有一定的环境和条件。例如，传统手工艺是我国文化遗产的重要组成部分，在非遗传承的过程中，对于手工艺的传承需要相应的场所和设备。只有在适当的工作场所中，传统手工艺才能得到有效的保存与传承。非遗传承对文化遗产的保存与传承起到了重要的推动作用。

非遗传承与文化遗产的相互影响也是相互制约的。非遗传承的发展离不开对文化遗产的参考和借鉴，而文化遗产的保存与传承也需要与非遗传承相互交流与学习。例如，传统音乐的非遗传承中，传统音乐家通过研究古老的音乐谱曲方式，为自己的作品注入了新的想法和元素。这样，非遗传承对于文化遗产的发展起到了创新的作用。

非遗传承与文化遗产也存在相互制约的现象。非遗传承的发展可能对某些文化遗产形成限制，限制其在独特性和原始性方面的传承。例如，为了保持某种技艺的纯正性，可能限制了新的艺术形式或流派的发展。文化遗产的发展也可能对非遗传承产生限制，特别是在面临现代化的冲击和变革的背景下。文化遗产的商业化和大众化可能影响到非遗传承的传统特质，从而限制了非遗传承的发展。

三、非遗传承与文化遗产的协同机制

（一）非遗传承与文化遗产的协同原理

非遗传承与文化遗产之间存在着密切的联系与互动，它们共同构成了文化遗产的重要组成部分。

非遗传承与文化遗产的共同点在于它们都与人类的历史、文化与传统有着紧密的联系。文化遗产是人类社会的精神财富，而非遗传承则是文化遗产的具体传承方式和手段。通过非遗传承，文化遗产得以传承延续，并且得到了更加广泛的关注与认可。

非遗传承与文化遗产的差异在于它们在传承内容与方式上存在一定的区别。文化遗产更加广泛，包括物质与非物质的遗产，而非遗传承则更加注重非物质遗产的传承。非遗传承不仅仅是简单地传递技艺与技能，更重要的是传递其中的精神与价值观念。这种差异使得非遗传承与文化遗产的协同机制更为复杂和多样化。

非遗传承与文化遗产之间的相互影响也是协同机制的重要方面。通过非遗传承，文化遗产得到了更加全面的保护与传承，为社会的文化发展做出了积极的贡献。文化遗产也为非遗传承提供了丰富的历史、文化与传统资源，为非遗传承的深化和创新提供了宝贵的素材与支持。

非遗传承与文化遗产的协同机制是建立在共同点与差异的基础上的。在实践中，重视并充分利用二者之间的相互关系与互补性，制定相应的政策与措施，以促进非遗传承与文化遗产的良性互动与协同发展。

在深入研究和实践中，我们应当充分认识这种协同机制的存在与重要性，将其作为非遗传承与文化遗产发展的重要指导原则，进一步推动非遗传承与文化遗产的共同发展与繁荣。

（二）非遗传承与文化遗产的协同模式

非遗传承与文化遗产的协同模式是在非遗保护和传承工作中，与文化遗产相互作用并形成一种有机结合的方式。这种协同模式不仅仅是简单地将非遗与文化遗产放在一起，而是通过有意识的设计和实践，使两者之间相互促进、相互补充，进而实现共同发展和传承。

非遗传承与文化遗产的协同模式强调了资源的整合与优化利用。在传统的文化遗产保护工作中，我们主要关注的是物质文化遗产，而非遗传承则更注重于非物质的文化遗产。这两者本身就具有不同的特点和表现形式。通过协同模式，将两者的特点和价值共同融入文化遗产保护与传承的实践中，使资源得到更好的整合和利用。

非遗传承与文化遗产的协同模式也注重了创新与传承的结合。非遗的传承工作本身就需要与时俱进，寻找新的表现方式和途径。而文化遗产的保护与传承同样需要通过创新来使其更具有活力和吸引力。通过协同模式，在保护传承的同时鼓励创新，引入新的元素和观念，使得非遗传承与文化遗产的协同成果更具有创造性和独特性。

非遗传承与文化遗产的协同模式也强调了参与和合作的重要性。在协同模式中，各方的参与和合作是至关重要的。这涉及政府、社会组织、非遗传承人以及文化遗产保护者等多方面的合作和协同努力。通过共同的参与和合作，形成一个协同机制，实现资源的共享和协同效应的最大化。

（三）非遗传承与文化遗产的协同路径

在非遗传承与文化遗产的协同机制中，探索寻找一条有效的协同路径是至关重要的。这条路径不仅要能够促进非遗传承的持续发展，同时也要能够推动文化遗产的传承与保护。在这个过程中，借鉴一些成功的实践经验以及运用一些相关的理论和方法，来构建一种协同路径。

1. 认识与宣传

非遗传承与文化遗产的协同路径应该通过宣传推广的方式，让更多的人了解非遗的重要性以及与之相关的文化遗产。这可以通过举办展览、演出、讲座等形式来实现，通过展示非遗技艺的魅力和与之相关的文化背景，引起观众的兴趣和参与，从而达到非遗传承与文化遗产的协同效果。

2. 政策与法规

政府和相关部门可以通过出台相关的支持政策，促进非遗保护与文化遗产保护的有效结合。这些政策可以包括资金支持、法规规范、组织协作等方面的措施，来确保非遗传承和文化遗产的协同发展。

3. 跨界合作

非遗传承与文化遗产的协同可以通过与其他领域的合作来实现。比如，非遗项目可以与文化旅游、文化创意产业等领域合作，通过共同开展项目、举办活动等方式，实现非遗传承与文化遗产的有机融合。这样一来，非遗项目可以得到更多的资源与支持，文化遗产也可以得到更好的传承与保护。

4. 教育与培训

非遗传承需要有人才的支持和传承人的培养，而文化遗产的传承与保护也需要有相关领域的专业人士。教育与培训机构可以开设相关课程和培训项目，培养出更多具备非遗传承能力和文化遗产保护专业知识的人才，为非遗传承与文化遗产的协同发展做出贡献。

只有通过不同层面的协同，才能够实现非遗传承与文化遗产的共同发展与繁荣。让我们共同努力，为非遗传承与文化遗产的保护贡献自己的力量。

第二章　非遗传承的法律保护

第一节　非遗传承的认定与登记

一、非遗传承的认定标准和程序

（一）认定标准的制定与应用

1. 制定认定标准的依据

非遗传承的认定标准的制定是一个重要的环节，在制定认定标准时，需要充分考虑非遗项目的特点和传承要求。要结合非物质文化遗产传承的本质和特点，明确认定标准的目的和原则。需要参考相关的法律法规，如《非物质文化遗产法》以及国际上的相关标准和文件，确保认定标准的科学性和可操作性。还应该考虑社会公众对于非遗传承的期望和需求，充分听取相关专家、学者和从业者的意见和建议，构建一个广泛共识的认定标准。

2. 认定标准的具体内容

非遗传承的认定标准应该从多个方面进行考虑，既包括非遗项目本身的特点和表现形式，也包括传承人的条件和传承活动的规模与影响力等因素。其中，非遗项目的传承性、独特性、连续性是认定标准的重要内容。传承性指的是非遗项目的传承过程中要保持传统技艺或文化的基本要素和特点；独特性则要求非遗项目在文化表达、技艺特点等方面具有独特性和差异性；连续性反映了非遗项目在传承过程中的延续性和持续性。还要考虑非遗项目的地域性和代表性以及在社会文化领域的影响力和认可度等因素。

3. 认定标准的应用与调整

认定标准的应用需要严格按照程序进行，确保认定的公正性和科学性。在具体的认定过程中，可以采用多种方式和方法，如评估、论证、实地调查等。还需要建立起一套完善的认定标准的调整机制，及时修订和完善认定标准，以适应非遗传承工作的发展和变化。在调整认定标准时，应该充分考虑社会反馈和专家建议，保持认定标准的科学性和合理性。

4. 认定标准的意义和作用

认定标准可以起到规范性引导的作用，使非遗传承工作具有明确和可操作的方向。认定标准可以提高非遗项目传承人的自觉性和责任感，促进非遗项目的传承和保护。认定标准还可以为非遗传承的评估和监管提供依据，确保非遗项目的传承工作得到有效的推进。

在认定标准的制定与应用过程中，需要充分考虑多个因素的综合考量，并确保认定标准的科学性和可操作性。只有这样，才能在非遗传承工作中实现对非遗项目的认定和保护，促进非遗传承工作的顺利进行。

（二）认定程序的流程与要点

为了确保非遗传承的认定工作的公正性和规范性，制定一套明确的认定程序是至关重要的。以下将重点探讨非遗传承认定程序的流程以及其中的要点。

非遗传承的认定程序通常由以下几个步骤组成。首先，需要进行申请材料的准备，包括相关证明文件、照片、视频等。其次，申请人需要将申请材料提交给相应的非遗传承认定机构。认定机构将对申请材料进行初审，核实材料的真实性和完整性。如果材料通过初审，申请人还需要参加一系列的面试或考核，以进一步验证其传承技艺的实际水平。最后，认定机构会根据相关标准和程序做出最终的认定结果，并将认定结果公示或通知申请人。

除流程外，认定程序中还有一些重要的要点需要注意。申请材料的真实性和准确性是认定过程中的核心。申请人需要提供充分的证明文件，确保申请材料的可信度。面试或考核的内容应当与非遗项目的特点相匹配，以保证认定结果的真实性和准确性。认定机构在进行面试或考核时，应当具备专业的评估能力和判断标准，确保认定结果的公正性和权威性。最后，认定结果的公示和通知应当及时进行，以方便申请人及相关机构及时了解认定结果的情况。

非遗传承认定程序的流程和要点对于保障认定工作的准确性和公正性起到至关重要的作用。认定机构应当严格按照相关要求执行认定程序，并确保各个环节的公平性和规范性。唯有如此，才能真正保障非遗传承认定的效果，推动我国非遗事业的发展和传承。

二、非遗传承的登记制度和管理机构

（一）登记制度的构建与实施

在非遗传承领域，建立起科学、规范的登记制度，能够为非遗传承提供有效的保障和支持。明确非遗传承的认定标准和程序，确保对于非遗项目的认定和登记符合一定的规范和流程。

非遗传承的认定标准应当紧密结合非遗项目的特点，考虑其传承价值、历史渊源、技艺传承情况等因素。还需要参考国家相关法律法规和行业标准，确保认定的公正性、客观性和可靠性。在认定过程中，可以借鉴其他国家和地区的先进经验和做法，丰富认定标准的内涵，提高认定的准确性和科学性。

在认定标准确定后，我们还需要建立起相应的认定程序。认定程序应当包括非遗项目的申报、评议、公示、复核等环节，确保认定过程的透明度和公开性。还应当注重倡导社会参与，吸纳专家学者、非遗传承人、民间组织等多方力量参与认定工作，形成多元化的认定机制。

登记制度的实施需要建立起相应的管理体系和机构。管理机构的设立既要符合相关法律法规的规定，又要具备专业的管理能力和良好的公信力。管理机构应当承担非遗传承项目认定、登记、宣传、监督等职责，确保登记制度的顺利运行。还应当加强与其他相关机构的协作和合作，形成统一的管理体系，实现资源的共享和信息的互通。

登记制度和管理机构的协同作用是非常重要的。登记制度为管理机构提供了依据和支持，使其在非遗传承管理中发挥更大的作用。管理机构通过认定和登记工作，能够提升非遗传承项目的知名度和影响力，促进其传承和发展。管理机构还可以通过开展培训、研究、交流等活动，加强非遗项目的保护和传承意识，推动传承工作的长远发展。

在登记制度的构建和管理机构的设立与运行过程中，我们还要注意与相关法律规定的协调。与法律法规的衔接能够确保登记制度和管理机构的合法性和稳定性，为非遗传承提供更加坚实的法律保障。还要加强对登记制度和管理机构的监督和评估，及时发现和解决问题，保持制度的完善和科学性。

（二）管理机构的设立与运行

在非遗传承的登记制度中，管理机构的设立不仅能够保证非遗传承工作的有序进行，还能够提供一个专门的机构来负责非遗传承认定和登记的管理工作。

管理机构的设立需要充分考虑非遗传承的特点和要求。这些管理机构应该具备专业的人员，熟悉非遗传承的相关政策和法规，并具备相应的调查和鉴定能力。管理机构还应该具备完善的组织机构和运行体系，确保各项工作的顺利进行。

管理机构的运行需要建立科学有效的工作流程和制度。这些制度应该明确各项工作的具体流程、责任和权限，并保证所有工作都能够按照规定的程序进行。例如，在非遗传承的认定过程中，管理机构应该设立鉴定委员会或评审专家组，通过专家评审、田野调查等方式确认非遗项目的传承人和传承情况。管理机构还应该建立健全档案管理体系，记录和保存相关的非遗传承材料和信息。

管理机构还应该积极参与非遗传承的推广和宣传工作。他们可以组织与非遗相关的展览、培训和研讨会，吸引更多的公众关注和参与非遗传承工作。管理机构还可以联合其他相关部门和社会组织，开展合作项目，共同推动非遗传承的发展和保护。

通过建立专门的机构来负责非遗传承认定和登记的工作，能够确保非遗项目的正确认定和登记，促进非遗传承工作的有序进行。管理机构还应该充分发挥其在推广和宣传方面的作用，吸引更多人参与到非遗传承的事业中来。这将为非遗传承的保护和传承提供有力的支持和保障。

（三）登记制度与管理机构的协同作用

登记制度作为非遗传承的认定标准和程序，为管理机构提供了明确的辨识和界定依据。通过对非遗项目的登记认定，可以准确确定哪些项目具有非遗价值，并为其提供相应的保护和传承措施。

管理机构在非遗传承中扮演着重要的角色。他们负责组织、协调和监督非遗项目的传承工作，保障传承的顺利进行。管理机构通过建立相应制度和规范，对非遗项目进行分类、整理和归档，确保非遗传承的稳定性和连续性。管理机构也提供专业指导和技术支持，指导非遗项目的传承人，帮助他们掌握传承技艺和方法，确保非遗项目的传承质量。

登记制度和管理机构的协同作用体现在信息共享和互动交流方面。登记制度通过建立非遗项目的档案和数据库，为管理机构提供了完整和准确的信息来源。管理机构可以利用这些信息，开展研究和调查，深入了解非遗项目的传承状况和发展趋势。管理机构也可以通过与登记制度的协作，及时传达非遗项目传承的需求和问题，提出相应的解决方案。

登记制度和管理机构的协同作用还体现在政策和法律层面。登记制度通过非遗认定和登记的法律程序和规定，为管理机构提供了明确的法律依据。管理机构可以根据登记制度的要求，制定相应的管理政策和措施，加强对非遗项目的保护与管理。登记制度和管理机构也能够相互促进，共同推动非遗传承的法律意义和作用的落实。

通过明确的认定标准和程序，登记制度为管理机构提供了方向和依据。管理机构通过有效的组织和监督，推动非遗项目的保护和传承工作。两者之间的信息共享和互动交流，帮助管理机构更好地了解非遗项目的状况，以制定相关政策和规定。在法律层面，登记制度和管理机构相互促进，共同推动非遗传承的法律意义和作用的实现。

三、非遗传承认定与登记的法律意义和作用

（一）认定与登记法律保障的必要性

在非遗传承认定与登记的实践中，法律保障起着重要的作用。认定与登记的法律保障的必要性体现在以下几个方面。

1. 确保非遗传承的合法性和真实性

非遗传承的认定是对非遗项目进行真实性和传统性的评估和验证。通过法律的认定与登记程序，可以保证非遗项目的传承人符合认定标准，并且非遗项目的传承过程与传统的文化传承方式相吻合。这样一来，公众可以更加放心地了解和接受非遗项目，也可以保护非遗项目免受虚假宣传和商业化侵害。

2. 促进非遗传承的可持续发展

非遗项目的认定与登记并不仅仅是对传统文化的保护和传承，更是为了确保非遗项目的持续发展和可持续利益。通过法律的认定与登记制度，可以确保

非遗项目的传承人和相关机构能够享有合法的权益，并且能够获得必要的支持和资源。这样一来，非遗传承人才能够更好地传承和发展非遗项目，让其在现代社会中焕发出新的活力和魅力。

3. 加强非遗传承的社会认同和保护意识

非遗项目的认定与登记可以提高公众对传统文化的关注度和认同度。通过法律的认定与登记制度，非遗项目得到了官方的认可和保护，在社会上具有较高的声誉和地位。这样一来，公众对非遗项目的关注和保护意识也会得到增强，更多的人会参与到非遗传承中来，共同推动传统文化的传承和发展。

通过法律的认定与登记程序，可以确保非遗传承的合法性和真实性，促进非遗传承的可持续发展，并加强社会对非遗项目的认同和保护意识。认定与登记的法律保障是非遗传承的必要条件，也是推动传统文化发展的重要保障。

（二）认定与登记的法律意义分析

认定与登记的法律意义在于提供对非遗传承的法律保障。通过明确认定的标准和程序，法律为非遗传承提供了明确的认定途径。这可以避免任意性和主观性的判断，确保认定过程的公正与权威性。登记制度的运作，也为非遗传承的保护提供了法律的支持。登记制度的建立，可以使非遗项目得到合法保护，避免被滥竽充数和商业化。通过法律的保护，非遗传承活动可以在合法、稳定的环境下开展，得到应有的尊重和保护。

认定与登记也具有法律规范的作用。非遗传承认定的标准和程序不仅对非遗项目本身有规范意义，也对社会各界进行了法律引导和规范。认定与登记的规范性，可以使传承人和相关机构在非遗传承活动中明确自己的法律责任和义务。法律规范的制定可以促进传承人的规范行为，加强对非遗传承的自我约束，保护非遗活动的真实性、原汁原味性和正当性。

认定与登记对于非遗传承的法律意义还体现在其所产生的法律效果上。认定和登记的产生，为非遗传承活动赋予了特定的法律效力。例如，一旦项目通过认定并完成登记程序，就能享受到法律的保护和支持。传承人可以依据法律要求，维权维利。而对于没有获得认定和登记的非遗项目，可以通过认定和登记制度的建立来进行规范与引导。通过法律的效果，认定和登记使非遗传承活动更加具有合法性和可持续性。

认定与登记的法律意义在于提供对非遗传承的法律保障，规范非遗传承活动的行为，产生特定的法律效果。通过认定与登记的法律作用，可以推动非遗传承活动的顺利进行，有效保护和传承非物质文化遗产。也让我们意识到，法律在非遗传承中的作用不容忽视，需要进一步完善和加强法律保障措施，促进非遗的传承与发展。

（三）认定与登记的社会效益

认定与登记为非遗传承提供了法律保障。通过制定相关法律法规，明确了非遗传承的认定标准和程序，确保了非遗项目的合法性和权益的保护。认定与登记的法律保障使非遗传承人能够在法律框架下开展传承活动，减少了非遗传承过程中的不确定性与风险。

认定与登记对非遗项目的传承与保护具有重要意义。非遗项目的认定与登记，有利于加强对非遗项目的记录、整理与保存工作。认定与登记不仅仅是对非遗项目的身份认证，更是一种对非遗项目的价值肯定。认定与登记有利于提高非遗项目的传播力度，引起公众的重视与关注，为非遗项目的传承打开更广阔的舞台。

认定与登记还促进了社会的持续发展与进步。非遗传承的认定与登记能够带动相关产业的发展，推动了文化创意产业的繁荣与兴盛。非遗项目的传承与保护，不仅传承了传统文化的精髓，也为当代社会提供了丰富的创作资源。认定与登记的社会效益体现在提升了传统文化的传承力度，促进了文化多样性的保护，增强了社会的文化认同感和凝聚力。

认定与登记作为非遗传承过程中的重要环节，具有重要的法律意义和社会效益。通过为非遗项目提供法律保障，推动传承与保护工作的开展以及促进社会发展的积极影响，认定与登记在非遗传承中扮演着不可或缺的角色。我们应充分重视和高度评价认定与登记的社会效益，加强相关工作的推进，以实现对非遗传承的更好保护和传承。

（四）认定与登记对非遗保护的影响

1. 促进非遗的持续传承

通过认定和登记的程序，非遗项目能够正式被纳入国家和地方保护范围，得到相应的法律保护支持。这将使非遗传承人和相关机构意识到其价值与意义，从而更加专注且有动力地进行传承活动。

2. 增强非遗项目的影响力与知名度

一旦非遗项目通过认定和登记，并得到相应的宣传推广，将为其提供更多的展示机会和社会关注度。这不仅有助于吸引更多的传承人参与到非遗保护中，也能够提高公众对非遗项目的认知与关注度，进一步推动非遗的传承和发展。

3. 重要的经济作用

随着认定和登记程序的完成，非遗项目的地位将得到确认与保护，这为相关非遗产业的发展提供了坚实的基础和支持。例如，认定与登记的非遗项目可以从政府获得相应的资金和政策支持，为非遗产业链的发展提供有力保障。非遗认定与登记的法律地位也为非遗产品的市场推广和销售提供了便利，增强了非遗产业的市场竞争力。

4. 对非遗保护产生重要的社会影响

非遗项目通过认定与登记，得到了社会的认可和尊重，进一步提升了非遗项目的社会地位和形象。这有助于弘扬非遗文化，传承中华民族的优秀传统文化，提升社会整体文化素养和社会凝聚力。非遗项目的认定与登记也为地方文化的振兴和保护提供了新的契机与动力。

认定与登记对于非遗保护的影响不容忽视。它不仅可以促进非遗传承的持续发展，增强非遗项目的影响力与知名度，还对非遗产业的发展与社会影响产生积极的推动作用。加强认定与登记制度建设，提高认定与登记的法律保障水平，对于非遗保护的长远发展具有重要意义。

第二节　非遗传承的权利与义务

一、非遗传承人的权利和义务

（一）非遗传承人的权利概念

在非遗传承过程中，作为非遗传承人，他们拥有一系列的权利。非遗传承人有权获得对非遗技艺的传承，这意味着他们有权力获取并学习非物质文化遗产的相关知识和技能。这种权利确保了非遗传承人能够继承和传承非物质文化遗产的核心技艺，以确保其传统技艺的延续。

非遗传承人享有知识产权保护的权利。在传承过程中，非遗传承人的知识和技艺为非物质文化遗产的保护和发展做出了重要贡献。他们有权获得知识产权的保护，以防止他人未经授权使用或侵犯他们的非遗技艺。

非遗传承人有权参与非物质文化遗产的决策和管理。他们作为非遗传承的代表人物，应当在制定相关政策和管理措施时被咨询和听取意见。他们有权参与相关机构和组织的决策过程，以确保非物质文化遗产的正常传承和保护。

非遗传承人还享有经济利益的权利。作为非物质文化遗产的传承人，他们应当分享与其传承活动相关的经济利益。这可以通过获得非遗传承技艺的教学费、演出和展示收益等方式来实现。这样的经济支持不仅能够激励许多人投入非遗传承中，也为非遗传承人提供了更好的条件来维持和发展自己的技艺。

（二）非遗传承人的义务概念

非遗传承人作为非物质文化遗产的接班人，肩负着保护、传承和发展非物质文化遗产的重要使命和责任。他们不仅要继承和传承非物质文化遗产项目，还要承担起维护非物质文化遗产的权益和推动非物质文化遗产可持续发展的义务。

非遗传承人有责任保护和传承非物质文化遗产项目。他们应该努力学习和掌握非物质文化遗产项目的技艺、技术和知识，并传承给后代，以确保非物质文化遗产项目的延续和发展。他们要积极参与非物质文化遗产的传承实践活动，保留和传承非物质文化遗产项目的核心价值和精髓。

非遗传承人需要积极宣传和弘扬非物质文化遗产。他们应该将非物质文化遗产项目的价值和意义向社会大众进行普及和解释，推动非物质文化遗产的认可和理解。非遗传承人可以通过组织演出、展览、培训等活动，向公众展示非物质文化遗产项目的魅力，增加公众对非物质文化遗产的关注和认同。

非遗传承人还有义务保护非物质文化遗产的版权和商标权。他们应当申请和注册非物质文化遗产项目的版权和商标，以确保自身在非物质文化遗产传承过程中的权益得到保护。非遗传承人还应当监督和维护非物质文化遗产使用中的合法性，防止侵权行为的发生，并积极维护非物质文化遗产的品牌形象。

非遗传承人还有责任推动非物质文化遗产的可持续发展。他们应当关注非物质文化遗产项目的经济效益和生态环境，积极探索非物质文化遗产项目与现代产业的融合，促进非物质文化遗产的创新和发展。非遗传承人还可以利用新媒体、互联网等渠道，将非物质文化遗产项目推广和传播到更广阔的领域和受众群体中，实现非物质文化遗产的传承与发展的良性循环。

非遗传承人的义务不仅仅是传承非物质文化遗产项目，还包括保护遗产的版权权益、推广遗产的价值与意义，并积极推动遗产的可持续发展。通过履行这些义务，非遗传承人才能真正发挥自己在非物质文化遗产传承和保护中的重要作用。

二、非遗传承组织的权利和义务

（一）非遗传承组织的权利概念

非遗传承组织作为非物质文化遗产传承和保护的重要主体，拥有一系列的权利。非遗传承组织有权利获得保护与支持。根据相关法律法规，政府部门应当采取措施，为非遗传承组织提供必要的协助和支持，包括资金支持、设施建设、人才培养等方面的支持，以确保其正常开展非遗传承工作。

非遗传承组织有权利开展非遗传承项目的研究与保护。非遗传承组织可以对具有非遗特色的项目进行深入的研究与调查，并制定相应的保护措施和计划。通过开展这些工作，非遗传承组织为保护非物质文化遗产做出了积极的贡献。

非遗传承组织还享有非遗传承项目的管理和组织权利。根据相关法律法规，非遗传承组织可以对非遗传承项目进行管理和组织，制定相关规章制度，并负责指导、推动和协调相关工作。通过有效的管理和组织，非遗传承组织可以确保非遗传承项目得到全面的发展和传承。

非遗传承组织还有权利通过非遗传承活动向社会传播非遗文化。非遗传承组织可以组织和参与各种非遗传承活动，如展览、演出、讲座等，向公众传播非遗文化的内涵和价值，提升广大群众的非遗意识和参与度。

非遗传承组织还享有在非遗传承活动中积极参与国际交流与合作的权利。非物质文化遗产的保护和传承是全球范围内的重要任务，非遗传承组织可以与国际组织、其他国家的非遗传承组织进行合作与交流，共同推动非遗事业的发展和国际交流。

(二) 非遗传承组织的义务概念

非遗传承组织作为推动非物质文化遗产保护和传承的重要力量，承担着一系列的义务。非遗传承组织有责任对非物质文化遗产进行科学、系统的调查和研究。他们应当深入了解各种非遗项目的特点、特征和底蕴，全面掌握非遗的传承情况，包括在过去的传承过程中所面临的问题和困境。只有通过充分了解，非遗传承组织才能制定科学的保护与传承策略。

非遗传承组织应当积极参与非遗项目的传承与保护工作。他们需要与非遗传承人密切合作，共同制订并执行传承计划。这包括对非遗传承人的培训和指导，帮助他们传承技艺、知识和经验。非遗传承组织还应当起到协调和组织的作用，促进非遗传承人之间的交流与合作，形成良好的传承氛围和共同努力的合力。

非遗传承组织还肩负着非遗项目的保护与推广责任。他们需要制定合理的保护措施，确保非遗项目不受破坏和污染。在推广方面，非遗传承组织应当通过各种方式，如展览、演出、宣传等，向公众传播非物质文化遗产的价值和魅力，提高社会对非遗项目的认知度和参与度。

非遗传承组织需要积极参与相关的政策制定和法律保护工作。他们应当竭尽全力争取政府部门的支持和关注，促使非遗保护的法律和政策的制定与实施。非遗传承组织还需要关注非遗传承工作的质量与效果，及时提出改进建议和意见，推动非遗保护与传承工作的不断完善。

通过履行这些义务，非遗传承组织才能够真正发挥其作用，推动非物质文化遗产的传承与发展。虽然面临着一系列的挑战，但只要坚持不懈地努力，非遗传承组织一定能够取得更加卓越的成果。

(三) 非遗传承组织权利和义务的法律依据

在维护非遗传承工作的权益和履行相应义务的过程中，非遗传承组织依据相关法律法规和文件进行行动。以下将对非遗传承组织权利和义务的法律依据进行概述。

非遗传承组织的权利受到《中华人民共和国非物质文化遗产法》的保护。根据该法规定，非遗传承组织享有保护、知情、参与、合作等权利。其中，保护权是非遗传承组织的核心权利之一，这意味着非遗传承组织有权采取措施保护非遗传承项目的传承环境，维护传承人的权益，并推动非遗的传播和传承。非遗传承组织还享有知情权，即有权了解非遗传承项目的最新动态、发展方向以及相关政策，为其有效组织和推动传承工作提供基础信息。

非遗传承组织的义务主要源自《中华人民共和国非物质文化遗产法》以及相关行政法规。根据法律规定，非遗传承组织有义务为传承人提供必要的培训和指导，提供传承所需的物质和技术支持，并促进传承人的合理利益得到保障。非遗传承组织还有义务积极参与非遗传承项目的保护、传承和传播，开展相关调研和实践活动，推动非遗传承项目的传承与发展。

非遗传承组织权利和义务的法律依据还包括相关的行政规章和政策文件。例如，文化和旅游部发布的《非物质文化遗产保护传承工作指导意见》和各省市文化部门发布的《非物质文化遗产保护传承实施方案》等文件，为非遗传承组织的权利和义务提供了具体的指导和要求。这些文件明确了政府与非遗传承组织的合作关系，规定了非遗传承组织的职责和任务，并提出了相应的支持和保障措施。

非遗传承组织权利和义务的法律依据主要包括《中华人民共和国非物质文化遗产法》、行政法规以及相关的行政规章和政策文件。这些法律依据明确了非遗传承组织的权利保护和义务履行，为非遗传承工作的有序进行提供了重要的法律基础。非遗传承组织应当自觉遵守相应法律法规，并积极履行自身的权利和义务，为非遗传承事业的持续发展做出积极贡献。

三、非遗传承的权利保护

（一）非遗传承权利保护的重要性

非遗传承权利保护的重要性在于确保非遗传承人能够享有合法的权益。作为非遗传承人，他们有权力决定如何传承、传授以及利用非遗的知识和技艺。他们应该有权力选择合适的合作伙伴以及对非遗传承过程中的经济利益进行合理的分配。非遗传承权利的保护有助于确保他们能够在传承活动中得到公平待遇。

非遗传承权利保护对于非遗传承组织的发展至关重要。非遗传承组织承担着保护、传承和推广非遗的责任。只有在他们的权利受到充分保护的情况下，才能更好地履行他们的使命。对于非遗传承组织来说，权利保护意味着可以自由选择合适的合作伙伴，确保资源的合理利用以及享有合法的经济权益。这将为他们的可持续发展提供有力的支撑。

非遗传承权利的保护也直接关系到传承活动的可持续发展。权利保护有助于激励非遗传承人继续投入传承工作中。非遗传承人如果能够从传承活动中获得合理的经济回报和社会认可，就会更加积极地参与到非遗传承工作中，从而确保非遗的传承不断进行下去。权利保护还可以引导和规范非遗传承活动，保证其符合道德和法律的要求，并避免乱象的出现。

非遗传承权利保护的重要性不容忽视。通过保护非遗传承人和非遗传承组织的合法权益，促进传承活动的可持续发展。只有当非遗传承权利得到充分保护时，才能更好地保障非遗的传承和发展。加强非遗传承权利保护工作，成为当前和未来非遗保护工作中的重要任务。

（二）非遗传承权利保护的法律手段

为了确保非遗传承人的权益得到有效保护，法律手段是必不可少的。在我国，有一系列法律法规和政策文件为非遗传承权利的保护提供了明确的指导。

《中华人民共和国非物质文化遗产法》为非遗传承人提供了法律保护。该法明确规定了非遗传承人享有的权利，如经济权利、名誉权利和精神权利等。该法规定了非遗传承组织的法律地位和义务，要求非遗传承组织依法保护非遗传承人的权益，并给予其必要的支持和帮助。

知识产权法律也是非遗传承权利保护的重要手段之一。非遗传承所涉及的手工艺技艺、传统表演艺术等作品可以通过著作权、商标权、专利权等方式进行保护。非遗传承人可以依法申请相关权益，确保其知识产权得到保护与维护。知识产权法律还规定了对非遗传承的侵权行为进行惩罚和救济的程序与方法。

合同法律制度也是非遗传承权利保护的重要法律手段之一。在非遗传承活动中，涉及传承人与传承组织之间的合同关系。依法签订合同可以明确双方的权利和义务，确保传承人的利益得到尊重和保障。合同制度为非遗传承提供了有力的法律保障，使双方在传承过程中能够依法协商、平等交易。

行政法律手段也为非遗传承权利保护提供了一定的保障。相关政府部门可以通过制定政策、规划、监管和执法等方式，推动非遗传承权利的良好保护和实施。

非遗传承权利保护的法律手段是多方面、多层次的，包括非遗相关法律法规、知识产权法律、合同法律以及行政法律等。在实践中，需要灵活运用这些法律手段，加强非遗传承权利的保护与维护。还需进一步完善和加强相关法律法规的制定和修订工作，以适应非遗传承的实际需求，促进非遗事业的繁荣与发展。

（三）非遗传承权利保护存在的问题

在非遗传承过程中，权利保护是一项至关重要的任务。目前，仍存在一些问题，妨碍了非遗传承权利的有效保护。非遗传承权利保护方面的法律不够完善是一个突出的问题。虽然我国已经制定了一系列法律法规来保护非遗传承权利，但在实践中仍存在着适用空间不足、条文模糊等问题。例如，一些非遗项目具有复杂的传承方式，但现有的法律对于这些特殊情况的保护并不充分，给非遗传承人造成了困扰。

非遗传承权利保护的实施力度和监管机制亟待加强。虽然国家及相关部门对非遗传承工作很重视，制定了一些纲要和政策文件，并建立了相应的机构和监管体系，但在实践中由于资源分配不均、监管不到位等原因，导致一些非遗传承组织无法得到有效的支持和监督，权益保护存在一定的薄弱环节。

非遗传承权利保护在实践中还面临着群众意识不强、社会认知度不足的问题。作为一项文化传统的保护，非遗传承需要广大民众的关注和支持。由于非遗传承在现代社会中的价值认知仍较为有限，大众对于其权利保护的意识并不足。这给非遗传承权利的保护和传承工作带来了一定的挑战。

针对以上问题，需要采取一系列措施来加强非遗传承权利的保护。应加强相关法律法规的修订和完善，提高其适用性和明确性，以更好地保护非遗传承权利。应加大对非遗传承工作的扶持力度，提供更多的经济、技术和管理等方面的支持，同时建立健全监管机制，确保权利保护的有效执行。还应加强非遗传承知识的普及与教育，提高社会公众对于非遗传承权利保护的认知度和参与度。

非遗传承权利的保护还面临着一些问题，但我们有信心通过不断努力和改进，进一步完善相关法律法规，加强监管机制，提高大众对非遗传承的认知，为非遗传承权利的保护创造更加有利的环境。只有保护好非遗传承权利，才能更好地传承和发展我国宝贵的非物质文化遗产。

四、非遗传承的法律责任

（一）非遗传承的法律责任概念

非遗传承的法律责任指的是非遗传承人在传承非物质文化遗产过程中所承担的法律义务和责任。这些责任主要包括遵守相关法律法规、保护和传承非物质文化遗产、维护非遗传承组织的权益等。

非遗传承人有义务遵守相关法律法规。在非遗传承的过程中，非遗传承人需要遵守国家有关非物质文化遗产保护的法律法规，并确保自身的行为符合法律的规定。例如，在执行非遗传承活动时，非遗传承人应该遵守有关著作权、表演权、商标权等知识产权的相关法律法规，保护非遗传承的版权和品牌权益，防止侵权行为的发生。

非遗传承人还有责任保护和传承非物质文化遗产。非物质文化遗产的传承需要非遗传承人承担实质性的责任，包括学习、传授和保护相关技艺、知识和经验，并确保其传承的准确性和完整性。非遗传承人还应该积极参与相关交流和合作，促进非遗传承的活跃与传承环境的改善。

除了对非遗传承人的责任，法律也规定了非遗传承组织的权利和义务。非遗传承组织作为非遗传承的管理机构，有责任协调、监督和支持非遗传承活动的开展。非遗传承组织还应该为非遗传承人提供必要的资源和保障，包括资金、场地、设备和培训等，以促进非遗传承的可持续发展。

在非遗传承的过程中，非遗传承人和非遗传承组织都有着明确的权利和义务。非遗传承人需要遵守相关法律法规，保护和传承非物质文化遗产；非遗传承组织则需要协调和支持非遗传承活动，为非遗传承人提供必要的资源和保障。只有通过明确的法律责任，才能有效保障非物质文化遗产的传承和保护，促进非遗传承事业的可持续发展。

（二）非遗传承法律责任的法律规定

非遗传承作为一项重要的文化传统，其法律责任在保护和推动非遗传承工作发展方面起着至关重要的作用。在我国，非遗传承的法律责任主要体现在相关的法律法规中。

《中华人民共和国非物质文化遗产法》明确规定了非遗传承的法律责任。该法对非遗传承人和非遗传承组织都进行了明确的规定。对于非遗传承人来说，他们有义务传承、保护、发展非物质文化遗产，同时也享有相应的权利。非遗传承人应当积极参与非遗传承工作，通过技艺传承和创新，确保非遗传承的持续性和鲜活性。而非遗传承组织在法律中也被赋予了重要的责任。非遗传承组织应当积极组织、推动非遗传承工作，提供必要的支持和保障，促进非遗事业的发展和非遗传承人的增长。

对于违反非遗传承的法律责任的行为，我国相关的法律法规也做出了相应的规定。例如，《中华人民共和国非物质文化遗产法》明确规定了非遗传承人和非遗传承组织违反法律法规和制约非遗传承发展的行为应受到相应的法律责任的追究。这种法律责任的规定旨在维护非遗传承工作的正常秩序和发展，确保非遗传承的可持续发展。

（三）非遗传承法律责任的实践操作

非遗传承的法律责任主要体现在对非遗传承人和非遗传承组织的保护和监管上。对于非遗传承人来说，法律责任既是一种权利，也是一种义务。非遗传承人有责任遵守相关法律法规，保护和传承非遗文化。非遗传承人也享有相应的权利，如享受非遗传承的支持和保护。

非遗传承组织也承担着一定的法律责任。非遗传承组织应该遵守相关的法律法规，保证非遗传承活动的顺利进行。这包括遵循传承程序和技术规范，保护非遗传承人的权益，确保非遗传承的真实性和准确性。非遗传承组织也有义务积极参与非遗保护与传承的工作，推动非遗事业的发展。

为了确保非遗传承的顺利进行，法律规定了相应的法律责任。非遗传承人应当保证非遗传承活动的真实性和准确性，不得故意误导他人。非遗传承人应当尊重传承程序和技术规范，不得随意改变或篡改传承内容。非遗传承组织也应当按照相关法律规定，切实履行职责，保护和推动非遗传承工作的开展。

在实践操作中，非遗传承的法律责任需要得到充分的落实。相关部门应当加强对非遗传承人和非遗传承组织的监管，确保他们依法履行责任。非遗传承人和非遗传承组织也要增强法律意识，自觉遵守法律要求，促进非遗传承的规范发展。

非遗传承的法律责任是保障非遗传承工作顺利进行的重要保证。非遗传承人和非遗传承组织应当充分认识到法律责任的重要性，并积极参与非遗传承工作，为非遗事业的发展贡献自己的力量。相关部门也应当加强监管，确保非遗传承的合法性和真实性，推动非遗文化的传承和发展。只有在法律责任的引领下，非遗传承才能更好地发展，为保护和传承优秀的非物质文化遗产做出积极的贡献。

第三节　非遗传承的商业化与知识产权保护

一、非遗传承商业化的必要性及发展现状

（一）非遗传承商业化的必要性

随着全球化进程的加快和市场经济的发展，在非遗传承中融入商业化元素可以有效推动非遗文化的传播和发展。商业化的手段和渠道能够将非遗项目更好地引入市场，使更广泛的人群接触、了解和体验非遗文化。通过商业化的推动，非遗传承项目也能够获得更多的经济收益和社会认可，为传承人提供更好的发展机遇。

非遗传承商业化的必要性体现在其为非遗项目的保护和传承带来了新的动力和机制。商业化能够激发非遗传承人的创新意识和创业热情，推动非遗传承从传统的非商业化模式向现代化、市场化方向发展。商业化的手段和机制为传承人提供了更多的资源和支持，使他们能够更好地保护和传承非遗项目。商业化也为非遗传承项目的传承人和利益相关方提供了更多的合作机会，促进了各方的共同利益和发展。

非遗传承商业化的必要性还体现在其对地方经济和社会发展的积极影响。非遗项目作为一种独特的文化资源，通过商业化的推动可以为当地经济带来新的增长点。商业化能够吸引更多的游客和消费者，促进旅游业和相关产业的发展，提高地方经济的竞争力和活力。非遗传承商业化也能够增强当地居民对非遗文化的认同和自豪感，推动社会和谐发展。

商业化的手段和机制能够推动非遗传承项目的传播和发展，为传承人提供更好的资源和发展机遇。商业化也能够提供新的保护和传承机制，促进非遗传承从传统向现代的转变。非遗传承商业化还对地方经济和社会发展产生积极影响。积极推动非遗传承商业化，为非遗文化的传承和发展注入新的活力和动力。

（二）非遗传承商业化的发展现状

随着社会进步和经济发展的需要，越来越多的非遗项目开始向商业化方向发展。这种商业化的趋势不仅给传承人和相关产业带来了新的机遇和挑战，也对非遗文化的传承和保护提出了新的要求。

非遗传承商业化的发展现状在不同地区和领域呈现出差异性。一些地方的非遗项目已经通过商业化手段取得了良好的发展和推广。例如，某些非遗手工艺品的制作和销售已经形成了完整的产业链，并且在市场上受到广泛的关注和认可。一些地方的非遗项目仍然处于起步阶段，面临着开发和推广的困难。这些非遗项目可能因为各种原因，如缺乏资金、市场渠道不畅等，而难以实现商业化的发展。

非遗传承商业化的发展现状也受到政府政策的影响。近年来，随着对非遗文化重要性的认识不断增强，政府部门对于非遗传承商业化的支持力度逐渐增大。一些地方政府通过制定相关政策和资金扶持措施，鼓励和支持非遗项目的商业化发展。这些政策的出台为非遗传承商业化提供了良好的政策环境和保障。

非遗传承商业化的发展现状呈现出多样性，并在不同地区和领域展现出差异性。政府政策的支持为非遗传承商业化提供了契机，但仍然面临着知识产权保护和市场需求等问题。进一步加强政策的制定与落实，加强知识产权保护和市场调研，推动非遗传承商业化的发展是至关重要的。只有综合运用各种手段和资源，才能更好地促进非遗传承商业化的蓬勃发展和非遗文化的传承与保护。

（三）非遗传承商业化面临的问题

1. 非遗项目独特性的保持

随着非遗传承商业化的推进，一些非遗项目可能会丧失其原始的纯粹性和独特性。商业化的过程很容易导致非遗项目的商业化“千篇一律”，失去了其传统的魅力和独特性。在推进非遗传承商业化的过程中，需要重视保持非遗项目的原汁原味，确保其在商业化的同时仍然能够体现其独特的文化内涵。

2. 知识产权保护

非遗传承商业化面临着知识产权保护的问题。许多非遗项目是长期以来民间口述、传承的，所以相关的知识产权保护并不完善。商业化过程中，知识产权的保护变得尤为重要。其中包括对非遗项目的商标、专利、著作权等方面的保护，以确保非遗传承人能够合法享有其劳动成果所带来的经济利益。

3. 市场需求和供给平衡

非遗传承商业化面临着市场需求和供给不平衡的问题。商业化的过程要求非遗项目能够在市场上获得广泛的认可和认同，但是在实际操作中可能会存在市场需求和供给不平衡的问题。市场需求不足可能导致非遗项目无法得到市场认可和投资支持；供给过剩可能使非遗项目无法获得合理的利润。在推进非遗传承商业化的过程中，需要通过市场调研和需求预测等手段，合理平衡市场需求和供给的关系。

4. 人才培养问题

非遗传承商业化面临着培养传承人和市场化人才的问题。非遗项目的商业化需要有一支懂非遗文化、同时具备商业运作能力的人才队伍。传承人往往更加注重在技艺传承上，缺乏市场化的思维和管理能力。需要进行相关的培训和教育，培养一支既懂传统非遗文化，又具备商业化思维和管理能力的人才队伍，以促进非遗传承商业化的成功。

解决这些问题需要政府、学界、社会各界的共同努力，形成一系列的政策支持和法律保障，以推动非遗传承商业化的健康发展。只有充分认识并解决这些问题，才能真正实现非遗传承商业化与知识产权保护的良性互动，促进非遗文化的创新与传承。

二、非遗传承商业化的知识产权保护问题

（一）非遗传承与知识产权的关系

非遗传承活动的商业化发展，虽然能够为非遗项目带来更多的经济效益和发展机遇，但同时也带来了知识产权保护的问题。对于非遗项目来说，知识产权的保护是确保其传统技艺和文化内涵不被侵犯的重要手段。只有通过知识产权的保护，才能确保非遗项目的独特性和独有性得以保留，使其能够在商业化过程中保持其原本的传统特色。

非遗传承与知识产权的结合，能够促进非遗传承活动的良性发展。知识产

权的保护可以为非遗项目的传承人提供经济利益的保障，鼓励他们更加积极地参与非遗的传承工作，并推动他们将非遗项目商业化。这不仅有助于非遗项目的传承传统技艺的延续，还能够创造更多的就业机会和经济效益。非遗传承与知识产权在商业化发展过程中相辅相成，互为重要支撑。

在非遗传承与知识产权的结合过程中，也存在着一些问题和挑战。其中之一是知识产权的保护范围与非遗项目的特点之间存在的矛盾。非遗项目多为口传、手工制作等传统工艺，其特点决定了其不同于传统的知识创造和创新方式。在知识产权保护的范畴内，如何确保对非遗项目的特殊性进行充分的尊重和保护，成了一个亟待解决的问题。

知识产权的保护也需要在商业化发展中找到一个平衡点。非遗项目的商业化有助于推动非遗传承工作的发展，但同时也会面临商业竞争的挑战。在商业化过程中，如果过度强调知识产权的保护，可能会对市场经济的竞争造成一定的限制和影响。非遗传承与知识产权的结合需要在保护非遗项目的传统特色的同时兼顾商业化发展的要求，确保非遗项目能够在市场竞争中具备足够的生命力。

（二）知识产权保护现状

在非遗传承商业化的过程中，知识产权保护是一个至关重要的问题。保护非遗传承项目的知识产权可以保障传统技艺的独特性和原创性，防止被盗用和篡改，同时为非遗传承人提供合法的经济利益保障。目前，知识产权保护的现状仍然存在一些问题。

非遗传承项目的知识产权保护法律框架还不够完善。尽管我国有一系列法律法规对知识产权进行了保护，如《中华人民共和国著作权法》《中华人民共和国商标法》等，但对于非遗传承项目的特殊性和复杂性，现行的法律框架未能很好地适应。需要在现有法律框架的基础上，进一步完善相关法律，确保对非遗传承项目的知识产权能够得到有效保护。

知识产权保护的执行问题亟待解决。虽然有相关法律来保护非遗传承项目的知识产权，但在实际执行中存在一定的困难。一方面，知识产权的保护需要相关部门的执法力度加大，加强对侵权行为的打击力度；另一方面，非遗传承人也需要加强自身的知识产权保护意识，及时发现并采取行动来应对侵权行为。只有通过全面、有效的执行措施，才能保障知识产权的有效保护。

知识产权保护在跨国合作中面临一定的挑战。非遗传承商业化涉及知识产权的国际保护问题，因此，需要与其他国家和地区进行紧密合作，共同制定具有国际影响力的知识产权保护机制。还需要在国际加强知识产权权益的交流与协调，推动国际社会形成保护非遗传承项目知识产权的共识。

虽然目前非遗传承商业化的知识产权保护存在一些问题，但可以通过完善法律框架、加强执行力度以及加强国际合作来解决。只有保护好非遗传承项目的知识产权，才能更好地推动非遗传承商业化的发展，实现非遗传承与知识产权保护的良性循环。

（三）知识产权保护问题的影响

知识产权保护问题的不完善会对非遗传承的商业化发展造成直接的影响。非遗传承作为一种文化传统的商业化形式，往往涉及非物质文化遗产的商标、专利、著作权等知识产权问题。如果这些知识产权不能得到充分的保护，非遗传承人的创新和努力可能被他人恶意抄袭，导致非遗企业的利益受损。建立健全的知识产权保护机制对于非遗传承商业化的发展至关重要。

知识产权保护问题的存在对非遗传承的商业化态势产生了消极影响。在某些情况下，由于非遗传承之前的口口相传传统模式，一些非遗项目的技艺并未通过正规的注册和认证手续，缺乏官方认可的知识产权保护，这限制了相关非遗项目的商业化实践。例如，一些非遗传承人在商业化过程中不敢投入过多资金和精力，担心他们的非遗项目会被侵权，这从根本上遏制了非遗传承商业化发展的脚步。加强知识产权保护对于推动非遗传承商业化的发展是十分必要的。

知识产权保护问题的疏漏也会对非遗传承的商业化发展产生深远的影响。非遗传承商业化的经济效益未能得到充分保护，给非遗传承人带来了不小的损失。知识产权保护的不完善也影响了社会公众对非遗传承商业化的认同和支持度。如果非遗传承人遭遇到知识产权的盗用或侵权行为，社会公众可能会对相关非遗项目产生质疑，进而降低对非遗传承商业化的支持。要加强知识产权保护，为非遗传承商业化提供更为稳定和可持续的发展环境。

必须加强对非遗传承项目的知识产权保护，建立健全的保护机制，为非遗传承商业化提供良好的发展环境和更大的发展空间。只有这样，我们才能更好地推动非遗传承的商业化进程，实现非遗的保护和传承目标。

三、非遗传承商业化与知识产权保护的法律框架

（一）现行法律框架概述

现行法律框架是指对非遗传承商业化和知识产权保护进行规范和指导的法律体系。在我国，非遗传承商业化与知识产权保护的法律框架主要由多个法律法规构成，包括《中华人民共和国著作权法》《中华人民共和国商标法》《中华人民共和国专利法》等。

1.《中华人民共和国著作权法》

《中华人民共和国著作权法》明确了对作品的著作权保护，包括文学作品、音乐作品、艺术作品等。非遗传承商业化中涉及的各种表演艺术、民间音乐、传统手工艺等作品都可以受到著作权法的保护。著作权法规定了著作权人的权益和权利限制，为非遗传承商业化提供了法律保障。

2.《中华人民共和国商标法》

《中华人民共和国商标法》规定了对商标的保护，商标是非遗项目商业化中非常重要的一环。商标可以作为非遗项目的标识，代表着非遗项目的品牌价值和商业形象。商标法规定了商标的注册和使用的条件，保护了商标的独占权，为非遗传承商业化提供了合法性和稳定性。

3.《中华人民共和国专利法》

《中华人民共和国专利法》也是非遗传承商业化中的重要法律依据。这部法律规定了对发明专利、实用新型专利和外观设计专利的保护。在非遗传承商业化过程中，一些传统技艺的创新和改良也可以通过专利的保护来确保其商业价值和技术水平。

现行法律框架仍存在一些问题。非遗传承商业化涉及的跨部门合作和协调机制尚不完善，导致法律的实施和执行不够协同一致。非遗项目的商业化中，知识产权保护困扰着非遗项目传承人和商业经营者。非遗项目传承人对于知识产权保护缺乏意识和能力；商业经营者对于非遗项目的商标注册和专利申请存在困难和延误。

现行法律框架为非遗传承商业化和知识产权保护提供了一定的保障和支持。仍需要进一步加强部门间的合作和协调，提升非遗项目传承人和商业经营者的知识产权保护意识和能力，以更好地促进非遗传承商业化的发展。

（二）非遗传承商业化的法律保护

非遗项目的商业化需要依靠一系列的法律措施来保护其独特的价值和文化内涵。非遗传承商业化需要建立相关的法律框架来保护非物质文化遗产的权益。这包括制定专门的法律法规，明确非遗传承商业化的定义、标准和程序，为非遗项目提供法律依据和保障。非遗传承商业化需要加强知识产权保护，保护非遗项目的独特性和知识产权。这可以包括对非遗项目进行商标注册，确保其在商业化过程中的独立性和市场竞争力。还可以加强对非遗项目的著作权保护，保护非遗项目的创作和表现形式。还需要建立起有效的知识产权保护机制，以保护非遗项目在商业化过程中的创新成果和商业机密。非遗传承商业化还需要加强对传统技艺和工艺的法律保护。传统技艺和工艺是非遗项目的核心内容之一，保护其传承和发展对于非遗传承商业化至关重要。可以借鉴工业产权保护的经验，制定专门的法律规定，对传统技艺和工艺进行保护，并建立相关的认证机制，确保非遗项目在商业化过程中的质量和可持续发展。非遗传承商业化的法律保护还需要与其他相关法律进行协调。非遗项目的商业化过程可能涉及多个法律领域，如《中华人民共和国民法典》《中华人民共和国知识产权法》等。需要建立起协调一致的法律体系，使非遗传承商业化能够在法律框架内合法、有序地进行。

非遗传承商业化的法律保护应当包括建立专门的法律框架、加强知识产权保护、保护传统技艺和工艺等方面。这样可以为非遗传承商业化提供必要的法律保障，促进其健康、可持续发展。在实际操作中，我们也要意识到存在的问题和挑战。比如，法律与传统习俗之间可能存在冲突，知识产权保护可能面临困难等。需要进一步研究和完善法律框架，解决实践中的问题，为非遗传承商业化提供更为有力的法律支持。

（三）知识产权保护的法律规定

知识产权保护是确保非遗传承商业化能够顺利进行的关键环节。目前，我国已经建立了一套完善的知识产权法律体系，以保护非遗传承商业化过程中产生的各种知识产权。

1. 著作权法

根据著作权法的规定，非遗传承作品在创作完成后，即享有著作权。这意味着非遗传承商业化过程中，无论是表演形式还是书面记录，都受到著作权法的保护。在商业化过程中，对非遗传承作品的复制、发行、展示等行为都需要著作权人的授权。

2. 商标法

商标作为商品或服务的标识，能够区别于其他竞争者。在非遗传承商业化中，商标的运用具有重要意义。通过注册商标，非遗传承作品可以在市场上树立自己的形象并保护自身权益。商标法规定了商标的注册、使用、维护等事项，为非遗传承商业化提供了法律保障。

3. 专利法

专利权是对新发明的法律保护。在非遗传承商业化中，如果有新的商业模式或创新技术的出现，可以申请专利保护。专利权的授予，能够为非遗传承商业化提供市场竞争优势和合法保护。

（四）法律框架存在的问题

现行法律框架对于非遗传承商业化的支持力度不够明确。虽然一些相关政策文件提及了非遗传承商业化的重要性和必要性，但对于具体的政策措施和支持机制并未明确规定。这使非遗传承人在商业化过程中面临着诸多困难，缺乏明确的指导和支持，影响了非遗项目的商业发展。

现行法律框架中对于知识产权保护的规定存在不完善的情况。尽管相关知识产权法律对于非遗项目的保护作出了一定的规定，但目前尚缺乏一套完备的非遗知识产权保护体系。特别是对于非物质文化遗产中的口传、体验、技艺等非具体形态的非遗项目，知识产权保护难以有效落地。这导致非遗传承人在商业化过程中面临着知识产权被侵权的风险，也限制了非遗项目的商业化空间和经济价值的发挥。

现行法律框架对于非遗传承商业化和知识产权保护的衔接还需要进一步完善。虽然两者存在着一定的关联性，但在实践中，非遗传承与知识产权保护往往是两个相对独立的领域。没有一个较为紧密的法律衔接机制，往往导致非遗传承人在商业化过程中对于知识产权保护的依赖和运用存在困难。在制定相关法律政策时，应该考虑非遗传承商业化和知识产权保护的密切关联，并通过明确的法律规定和措施，加强两者之间的衔接与协调。

对于非遗传承商业化与知识产权保护的培训和指导也需要加强。目前，许多非遗传承人对于商业运作和知识产权保护的知识和技能了解有限。建立起一套系统化的培训体系，对于非遗传承人进行商业化运作和知识产权保护的相关培训，可以帮助他们更好地把握商业机会，提升知识产权保护水平，促进非遗项目的可持续发展和传承。

现行法律框架在非遗传承商业化和知识产权保护方面仍然存在一定的问题。为了更好地促进非遗传承的商业化发展和知识产权保护，需要有明确的政策支持、完善的知识产权保护机制、紧密的法律衔接和健全的培训体系。只有这样，才能为非遗传承人提供更好的商业环境和保护机制，推动非遗项目在商业领域的发展和传承。

四、非遗传承商业化的政策支持与建议

（一）现行的政策支持

目前，我国在非遗传承商业化过程中，政府已经采取了一系列的政策措施，旨在促进非遗传承的商业化发展。

政府加大了对非遗项目的保护和支持力度。通过设立非物质文化遗产代表性项目名录、非物质文化遗产传承人奖励制度等，有效激励了非遗传承人参与商业开发。建立了一系列宣传展示平台，如非物质文化遗产保护传承中心、非物质文化遗产博览会等，为非遗项目提供了广泛的宣传和推广机会。

政府鼓励非遗传承商业化的发展模式创新。为了提升非遗传承项目的市场竞争力，政府推行了多种模式的创新与引导，例如，与旅游、文化创意产业深度融合，推动非遗项目与旅游景区、特色小镇、创意设计等产业的联动发展，为非遗项目提供更广阔的商业运作空间。

政府积极引导和支持非遗传承人开展产业合作与交流。通过组织非遗传承人到国内外进行交流合作，加强合作伙伴的资源共享和技术交流，促进非遗项目的商业化发展与市场拓展。政府鼓励非遗传承人开展非遗产品的国内外市场

研究，并提供相关的市场培训与指导，帮助其更好地适应市场需求。

政府还出台了一系列的财税优惠政策，以支持非遗传承商业化的发展。例如，免征非遗产品的增值税和营业税，减免企业的所得税等。这些政策优惠的实施，有效减轻了非遗传承商业化的经济负担，为其提供了良好的发展环境和支持保障。

现行的政策支持对于非遗传承商业化的发展起到了积极的推动作用。政府在保护与支持非遗项目、创新商业化模式、促进产业合作与交流等方面都发挥了重要的作用。还需要政府进一步加强政策执行力度，提高政策的针对性和灵活性，以更好地支持非遗传承的商业化发展。政府和非遗传承人应加强沟通与合作，形成政府、非遗传承人和市场的共同合力，推动非遗传承商业化的进一步发展。

（二）政策支持的效果分析

以下将从非遗传承商业化的角度出发，对现行的政策支持进行深入的效果分析。在非遗传承商业化的过程中，政策支持起着至关重要的作用。通过对现行政策的评估与分析，可以更清晰地了解这些政策对非遗传承商业化的促进效果。

现行政策为非遗传承商业化提供了必要的经济支持。政策支持使非遗项目得到了更加充分的资金保障，有利于项目的持续开展和稳定发展。例如，政府设立了专项基金，用于资助非遗项目的研究、保护和传承，为非遗传承人提供了经费支持。这些资金的投入促进了非遗传承商业化的推进，有助于提高非遗项目的知名度和市场影响力。

政策支持为非遗传承商业化提供了必要的市场推广渠道。政府机构和相关组织在政策的引导下，积极组织和参与非遗传承项目的展览、展销等活动。这些活动为非遗项目提供了展示和销售的平台，有助于扩大非遗产品的市场份额。政策支持也鼓励企业和社会资本的参与，促进了非遗产品的市场化运作，提升了非遗传承商业化的可持续发展能力。

政策支持还提供了法律保障，加强了知识产权的保护。政府制定了一系列法律法规，明确了对非遗项目的保护措施和侵权惩罚规定。这些措施为非遗传承商业化提供了合法和可靠的环境，增强了非遗传承人对知识产权的意识，并激励其进一步开展创新和研发工作。通过加强知识产权保护，政策支持为非遗项目的商业化提供了稳定的法律保障，有助于保护和传承非遗文化的独特价值。

现行的政策支持在非遗传承商业化中发挥了积极的作用。其中，经济支持提供了必要的资金保障，市场推广渠道促进了非遗产品的销售，知识产权保护提供了法律保障。但是，仍然存在一些问题和挑战，需要进一步改善和完善。下文将提出一些建议和政策举措，以进一步优化非遗传承商业化的环境，推动其可持续发展。

（三）政策建议

1. 加强相关法律法规的制定与完善

当前，我国的非遗传承商业化和知识产权保护在法律层面还存在一些空白和不足之处。政府应制定相关法律法规，明确非遗传承商业化的权限和责任，加大知识产权保护的力度，为非遗传承商业化提供更加稳定和可持续的法律保障。

2. 建立健全的政策扶持体系

政府应建立起完善的政策扶持体系，对非遗传承商业化给予必要的经济和政策支持。这包括为非遗传承商业化项目提供专项资金，设立政策性质的补贴和奖励，降低非遗传承商业化的成本和风险，促进其健康发展。

3. 加强产业培育和创新支持

非遗传承商业化的发展离不开相关产业的培育和创新支持。政府应加大对非遗传承商业化产业的投入力度，鼓励创业者和企业家参与其中，提供专业的培训和指导，提升其创新能力和市场竞争力。政府还应加大对创新性非遗项目的资金支持，鼓励探索创新商业模式，培育具有核心竞争力的非遗品牌。

4. 加强国际合作与交流

非遗传承商业化的发展是一个全球性的课题，在国际合作与交流中可以借鉴其他国家和地区的经验与做法。政府应加强与其他国家的合作和交流，共享非遗传承商业化的最佳实践和创新成果。加强知识产权保护的国际合作，共同应对跨国知识产权侵权和盗版等问题，维护非遗传承商业化的合法权益。

为了促进非遗传承商业化的发展并保护知识产权，政府应加强法律法规的制定，建立健全的政策扶持体系，加强产业培育和创新支持以及加强国际合作与交流。这些政策建议将有助于推动非遗传承商业化发展的步伐，同时保护知识产权，实现非遗传承事业的可持续发展。

第三章 文化遗产的法律保护

第一节 文化遗产的认定与分类

一、文化遗产的认定标准

（一）确定文化遗产的基本要素

文化遗产的认定需要根据一定的标准和要素进行，以确保对文化遗产的保护和传承能够具有科学性与可操作性。在确定文化遗产的基本要素时，主要考虑以下几个方面。

1. 历史价值

文化遗产必须具有一定的历史意义和价值，代表着特定历史时期的人类活动和创造。这包括对历史事件、社会变革、文化发展等方面的重要见证和记录。例如，某处遗址记录了一个古代城市的繁荣与衰落，这样的遗址便具有重要的历史价值。

2. 独特性

文化遗产应当具有独特的特征，能够在一定程度上代表特定文化传统或文化群体。这种独特性可以体现在建筑风格、艺术形式、制度规范等方面。例如，一座独特的古建筑，具有独特的建筑风格和艺术价值，能够代表某个历史时期或文化传统，因此，具有独特性的标志。

3. 社会认同和参与

文化遗产的认定需要考虑社会对遗产的认同和参与程度，即社会的共识和参与度对于保护和传承的重要性。人们对文化遗产的认同和参与程度决定了遗产的保护程度和传承活力。文化遗产认定的过程需要充分考虑社会的意见和参与，确保文化遗产保护的广泛性和持续性。

4. 传承和可持续发展

文化遗产的认定必须要考虑传承和可持续发展的问题，即保护文化遗产不仅仅是为了保存文化遗产本身，更是为了使其得到有效利用和发展，实现对人类历史和文化的传承。要实现这一点，需要制定相关的政策和措施，促进文化遗产的传承和发展，确保文化遗产的长期保护和可持续利用。

确定文化遗产的基本要素涉及历史价值、独特性、社会认同和参与以及传承和可持续发展等多个方面。在文化遗产的认定过程中，需要综合考虑这些要素，确保认定的准确性和科学性，以促进文化遗产的保护和传承工作的顺利进行。

（二）文化遗产的特殊认定标准

中国作为一个历史悠久、文化底蕴深厚的国家，拥有众多独特且丰富的文化遗产。鉴于中国文化的独特性和多样性，中国在对文化遗产的认定标准上采取了一些特殊的措施和要求。

中国文化遗产的特殊认定标准考虑了历史演变和地域特点。中国的文化历史悠久，不同地区的文化遗产具有独特的地域特点。在认定中国文化遗产时，要考虑遗产所处的历史时期、地域背景以及所承载的文化内涵。这种认定标准不仅考虑了文化遗产本身的特点，还将其置于更广阔的历史时期和地域背景中进行评估。

中国文化遗产的特殊认定标准注重保护和传承的重要性。中国文化遗产不仅仅是物质性的遗产，还包括非物质性的文化传统。在认定过程中，注重文化遗产的保护和传承是至关重要的。这包括评估文化遗产的可持续性，了解对保护和传承的意识和措施是否得到了有效实施，并评估文化遗产对社会的影响和价值。

中国文化遗产的特殊认定标准还考虑了人民群众意愿的参与。中国政府强调公众参与文化遗产的认定和保护工作，鼓励广大人民群众对文化遗产的保护和传承发挥积极作用。在中国的文化遗产认定中，公众意愿的参与和反馈意见被认为是一个重要的因素。

中国文化遗产的特殊认定标准还注重国际合作和交流。中国积极参与国际文化遗产保护机制，与其他国家共同研究和推进文化遗产保护工作。这涉及与国际机构的合作，共同制定认定标准和保护原则以及开展联合保护项目等。

二、文化遗产的分类方法

（一）按照文化遗产的物质形态分类

通过对文化遗产的物质形态进行分类，可以更好地理解和研究文化遗产的特点和价值。在识别和认定文化遗产时，物质形态分类是一项重要的工作。

按照文化遗产的建筑形态进行分类。这包括建筑物、构筑物以及附属建筑，如宫殿、寺庙、古城墙等。这些建筑物代表了特定历史时期和文化背景下的建筑风格和技术。通过研究建筑形态，可以深入了解不同历史时期的建筑艺术和工程技术。

根据文化遗产的工艺品形态进行分类。工艺品是人类创造的艺术品，包括陶瓷、玉器、织绣品等。这些工艺品代表了不同文化传统和技术水平。通过研究工艺品形态，可以揭示不同地区和文化背景下的艺术风格和制作工艺。

按照文化遗产的器物形态进行分类。器物包括日常用品、农具、武器等。这些器物反映了特定时期和地区的生活方式与社会文化。通过研究器物形态，可以了解不同历史阶段人们的生活习惯和文化习俗。

根据文化遗产的纪念碑形态进行分类。纪念碑是纪念特定历史事件、人物或事物的纪念性建筑物或设施。通过研究纪念碑形态，可以了解特定历史时期和文化背景下人们的纪念和崇拜方式。

（二）按照文化遗产的历史价值分类

根据文化遗产的历史价值，可以将其分为不同的层次和等级，以便更好地进行保护、管理和传承。

历史价值的分类可以基于文化遗产所承载的历史信息的丰富程度。一些文化遗产拥有极高的历史价值，它们记录着重要的历史事件、人物或者时代的转变。这些文化遗产不仅是历史的见证，更是对我们理解过去的重要资源。而一些文化遗产可能历史信息相对较少，但仍具有一定的历史价值。在进行分类时，可以将文化遗产按照历史信息的丰富程度进行分层次的划分，以便更好地管理和保护不同层次的文化遗产。

历史价值的分类还可以考虑文化遗产在历史演变中的重要性和影响力。一些文化遗产在历史上起到了重要的引导或推动作用，对当时社会产生了深远的影响，从而具有较大的历史价值。例如，一座具有建筑创新意义的古建筑，或者一本具有重要文化意义的古籍，它们都具备着在历史上的独特地位和价值。按照历史的重要性和影响力对文化遗产进行分类，有助于更好地认定其历史价值，制定相应的保护和管理策略。

历史价值的分类还可以考虑文化遗产在历史时期中的地位和特殊性。某些文化遗产因其在特定历史时期的重要地位和特殊性，具有较高的历史价值。例如，一些代表某个朝代繁荣时期的古城遗址或者一些反映特定历史事件的文物，它们都拥有独特的历史地位和文化意义。在进行分类时，可以考虑文化遗产在历史时期中的地位和特殊性，以便更好地认定其历史价值，制定相应的保护和管理措施。

按照文化遗产的历史价值进行分类是理解、保护和管理文化遗产的重要方式。通过对历史信息的丰富程度、历史重要性和影响力以及历史地位和特殊性等方面进行综合考量，可以更好地认定文化遗产的历史价值，为其保护和传承提供指导。

（三）按照文化遗产的地理位置分类

文化遗产的地理位置分类是基于遗产所处的地理环境、地理条件以及其地域特点来进行划分和归类的。这种分类方法可以帮助我们更好地理解和保护文化遗产，并推动相关研究和传承工作的开展。

地理位置分类可以按照国内外的范围来进行。根据不同国家或地区的文化遗产进行分类，有助于对特定地域遗产的保护、研究和管理。比如，以国家为单位进行分类，将各国的文化遗产进行比较和研究，促进不同国家之间的文化交流和合作。

地理位置分类可以细化到地区、城市或乡村等级。不同地区、城市或乡村的文化遗产具有不同的特色和历史背景，将其进行分类有助于深入了解每个地方的文化传承和发展。比如，在中国，将文化遗产按照各个省份或地区进行分类，这样可以更好地展示每个地方独特的文化魅力和传统。

地理位置分类还可以根据遗产所处的环境特点来进行。某些文化遗产与其所处地理环境和自然条件紧密相关，将其进行分类可以帮助我们深入了解自然与文化的相互关系。例如，水上文化遗产、山区文化遗产、沿海文化遗产等分类，可以更好地反映地理条件对文化遗产的影响。

在进行文化遗产的地理位置分类时，需要考虑多个因素，例如，历史背景、地理环境、地域特点等。这些分类方法的使用不仅可以更好地组织和管理文化遗产，也可以帮助我们深入了解其历史价值和社会意义。不同地理位置的文化遗产之间存在相互联系和影响，通过分类研究，更好地探索这些联系和影响，有助于促进文化遗产的传承与发展。

三、文化遗产认定与分类的法律程序和要求

（一）文化遗产的法定认定程序

文化遗产的法定认定程序是确保对文化遗产进行准确认定的重要环节。根据我国相关法律法规的规定，文化遗产的法定认定程序通常包括以下几个步骤。

1. 通过相关部门的申报程序进行认定

文化遗产的认定通常由文化遗产管理部门负责，他们会将文化遗产认定的标准和程序公开发布。遗产的拥有者或相关组织可以根据要求递交认定申请，申请中需要包含详细的相关资料和证明文件，以便进行评估和鉴定。

2. 对申报的文化遗产进行初步评估

文化遗产管理部门会组织专家对申请的文化遗产进行初步评估，包括对其历史背景、文化价值、保护状况等方面进行综合评估。评估的结果将作为进一步认定的参考依据。

3. 进行专家评审和公示

在初步评估的基础上，文化遗产管理部门会邀请相关专家对申报的文化遗产进行详细评审。专家评审的主要目的是进一步核实和确认文化遗产的认定标准和价值，确保认定结果的科学性和准确性。在评审过程中，还会进行公示，向社会公众公开认定的结果和评审意见，收集各方的意见和建议。

4. 文化遗产认定的结果将正式公布

文化遗产管理部门将根据专家评审的意见和建议以及社会公众的反馈意见，对文化遗产进行最终认定结果的确定。认定结果会在官方媒体等渠道进行公布，同时将结果告知文化遗产的申请者或拥有者。

（二）文化遗产分类的法律规定

文化遗产分类是对各类文化遗产进行整理、归类和分级的过程，以便更好地保护和传承文化遗产的价值与意义。在我国，文化遗产的分类方法和标准已经在相关法律法规中得到明确规定，确保了文化遗产分类工作的科学性和规范性。

根据《中华人民共和国非物质文化遗产法》的规定，文化遗产可以根据其性质、特点、地理位置等因素进行分类。其中包括物质文化遗产和非物质文化遗产两大类。在物质文化遗产中，又可以细分为建筑遗产、工艺品遗产、考古遗址等。而非物质文化遗产则包括口头传统和表演艺术等多种形式。

在文化遗产分类中，需要遵循一些相应的标准和要求。例如，对于建筑遗产的分类，则需要考虑对其历史价值、艺术价值、科学价值等方面进行评估。而对于非物质文化遗产，还需要考虑对其传统性、代表性、独特性等要素进行分类。

文化遗产的分类还需遵守相关的程序和规定。相关文化遗产管理部门需要依法成立专门的评估组织或委员会，负责对文化遗产进行分类工作。在分类过程中也需要采集和整理大量的相关文献、资料，以确保分类工作的准确性和全面性。

在实践中，我国的文化遗产分类工作已经取得了一定的成就。通过对文化遗产进行科学分类和评估，更好地了解和保护各类文化遗产的价值和意义。这不仅有助于促进文化遗产的传承与发展，还为相关保护与管理工作提供了科学依据和指导。

在我国，我们已经建立了相应的法律规定，规范了文化遗产分类的方法、标准和程序。通过科学分类，更好地认识和理解各类文化遗产的价值和内涵，为其传承和管理工作提供了科学依据与指导。

（三）对法律程序和要求的实践评价

在文化遗产的认定方面，法律程序的实践评价主要体现在认定标准的明确与合理性上。根据相关法律法规的规定，认定文化遗产必须符合一定的标准，包括历史价值、科学价值、艺术价值等方面。在实践中，可以发现法律程序在确立这些标准时起到了重要的指导作用，减少了主观因素对认定结果的影响。

也有一些不足之处。例如，有些法律对认定标准的描述过于宽泛，导致存在较大的解释空间，容易产生争议。对于法律中的认定标准应进一步细化和明确，以减少主观判断的干扰。

在文化遗产的分类方面，法律程序的实践评价主要表现在分类方法和依据的科学性和适用性上。对于不同类型的文化遗产，法律规定了相应的分类方法和依据，如时代、功能、地理位置等。这些分类方法和依据能够较好地反映出文化遗产的特征和价值。但是，在实践中也存在一些问题。例如，有些分类方法过于简单粗糙，导致同一类别下的文化遗产具有较大的多样性，难以准确表达其特点。应进一步完善分类方法和依据，使其更加科学、准确。

文化遗产认定与分类的法律责任也需要进行实践评价。在实践过程中，一些不法分子可能会利用文化遗产的认定与分类过程进行非法活动，危害文化遗产的保护与传承。应加大对违法行为的打击力度，并完善法律责任的贯彻执行，以保障文化遗产的合法权益。

对法律程序和要求的实践评价是不可或缺的，它能够指导文化遗产认定与分类工作的进行，并为进一步完善相关法律法规提供参考。在评价过程中，应重点关注认定标准的明确性、分类方法的科学性和适用性以及对违法行为的打击力度。通过持续改进，进一步完善文化遗产认定与分类的法律程序和要求，更好地保护和传承我们宝贵的文化遗产。

第二节　文化遗产的保存与维护

一、文化遗产保存与维护的原则和目标

（一）保存原则与目标

保持原汁原味是保存文化遗产的核心原则之一。无论是古建筑、艺术品还是传统技艺，都应该尽量保持其原有的风貌和特色，最大限度地还原历史的面貌，让后人能够真实地感受到过往的文化精髓。

可持续性是保存文化遗产的重要目标之一。通过采取科学合理的措施和方法，可以延续文化遗产的传承与发展，使其具有永续性。例如，针对文物的保护与修复，不仅要达到修补和补全的目的，更要考虑材料的可持续性和耐久性，

以便能够更好地保护和延续其价值。

传播与普及是保存文化遗产目标的重要组成部分。文化遗产的保存不仅仅是为了让其存在于历史的角落，更是为了让更多的人了解和传承。需要通过多种渠道和方式，将文化遗产的价值传播给公众，提高公众对文化遗产的认知和重视，从而使文化遗产得到广泛的传承和保护。

实施策略上，保存文化遗产的重要手段是搭建完善的保护体系。这包括制定相关的法律和规章，建立专门的文化遗产保护机构，加强对文化遗产的管理和监管，确保文化遗产得到及时、有效的保护。还需要加大对文化遗产保护技术的研发和应用，通过技术手段实现对文物的修复和保护，提高文化遗产保存与维护的效果。

文化遗产保存与维护的原则和目标是以保持原汁原味、追求可持续性和促进传播与普及为核心，通过搭建完善的保护体系和应用先进的技术手段，实现对文化遗产的有效保护和传承。只有这样，我们才能更好地保存和维护我们的人类文化遗产，让其在时间的长河中永存光芒。

（二）维护原则与目标

1. 保持文化遗产的完整性和真实性

这意味着尽力保持文化遗产的原始状态和特征。对于实物遗产，如建筑物、艺术品等，尽量避免任何形式的损害、改变或修复。对于非物质遗产，如传统知识、技艺等，尊重并保护其传统的传承方式。通过遵循这个原则，我们能够维持文化遗产独一无二的价值和意义。

2. 确保文化遗产的可持续性

这意味着采取措施，以确保文化遗产能够永久地存在下去，并继续为人们带来价值和意义。为了实现这个目标，可以采取一些措施，如制定长期的计划和策略，进行恰当的维护和保护工作，加强社区参与和意识以及提供必要的资源和支持。通过这些努力，确保文化遗产在未来得到有效的保存和维护。

3. 注重文化遗产的可访问性和可理解性

这意味着人们能够方便地接触到文化遗产，并理解其背后的历史、价值和意义。为了实现这个目标，可以采取一些措施，如建立合适的展示和教育设施，提供相关的信息和解释，开展教育和宣传活动等。通过这些努力，让更多的人了解和欣赏文化遗产，并延续其价值和影响力。

4．注重文化遗产的传承和创新

这意味着我们不仅要保护和保存传统的文化遗产，还要鼓励创新和发展。在保护和维护的过程中，积极寻找并尊重传统的价值和理念，同时也要开展创新的实践和实验。通过这种方式，使文化遗产保持活力和适应性，并为未来的发展提供更多的可能性。

（三）原则与目标的实施策略

1．建立综合性保护体系

在实施文化遗产保存与维护的策略时，应当建立一个综合性的保护体系，通过整合各种资源和力量，实现文化遗产的全面保护。例如，建立专门的文化遗产管理机构，明确其职责和权力，加强对文化遗产的系统监管和管理。

2．采用先进的科技手段

现代科技手段在文化遗产保存与维护中发挥着重要的作用。采用高精度测量仪器、三维重建技术、虚拟实景演示等先进技术，可以更好地保护和修复文化遗产。对于一些易腐、易损的文化遗产，可以采用数字化技术进行复制和保存，以确保其长期保存。

3．加强社会参与与合作

文化遗产的保存与维护是一个涉及多方利益相关者的问题。在实施策略时，应当积极与政府、社会组织、专业人士和民众进行合作与参与。例如，可以通过组织专家论坛、开展公众教育活动，提高大众对文化遗产保护的认识与意识，激发社会各界对文化遗产的共同关注和参与。

4．加强法规和标准的制定与执行

在保护文化遗产方面，法律法规和技术标准的制定非常重要。应当建立健全法律法规体系，对文化遗产的保护和修复进行明确规定，并加强对法律法规的执行力度。制定相应的技术标准，确保文化遗产保存与维护的工作按照科学的方法和标准进行。

5．注重可持续发展

文化遗产的保存与维护不仅仅是为了当下的保护，更重要的是为了后代子孙能够继续享受和传承这一文化财富。在制定实施策略时，应当思考如何实现文化遗产的可持续发展。例如，可以将文化遗产与旅游业相结合，通过合理规划利用，使文化遗产既得到有效保护，又能够为社会经济发展做出贡献。

文化遗产保存与维护的原则和目标需要通过相应的实施策略来实现。建立综合性保护体系、采用先进的科技手段、加强社会参与与合作、加强法规和标准的制定与执行以及注重可持续发展，都是重要的策略，可有效保护和传承文化遗产。只有在各项策略的协同合作下，才能真正实现对文化遗产的有效保存与维护。

二、文化遗产保存与维护的措施和方法

（一）保存措施与方法

保存措施与方法的制定应该从以下几个方面来考虑：文化遗产的特点与状态、保存的目标与需求、可行性和可持续性等。

针对不同类型的文化遗产，保存措施应当因地制宜，因物制宜。例如，对于建筑类文化遗产，应当采取定期维修、加强基础设施保护等方法，以保证其结构的稳定性和安全性；对于书画类文物，应当设置恒温恒湿的储藏环境，控制光线的照射等，以防止其受到湿度、温度和光线的损害。在制定保存措施时，必须充分考虑文化遗产的特点，确保采取的措施对其保存和保护具有实际意义。

保存措施与方法应当注重综合利用和可持续发展。文化遗产的保存不仅仅是为了单纯的保护，更应该通过合理的利用，让它们充分展示其价值和意义。在制定保存措施时，需要综合考虑保护与利用之间的平衡，注重发展创新性的文化遗产产业，以实现文化遗产的可持续发展。

保存措施与方法的选取需要依据一定的标准。在选择保存措施时，应该考虑其科学性、经济性和可行性等因素。科学性是指保存措施是否符合文化遗产的特点和保存需求，经济性是指是否能够在一定的经济条件下实施，可行性则是指是否在实际操作中能够有效进行。在这方面，可以借鉴国际上通用的文化

遗产保存标准和技术规范，以确保保存措施的科学性和可行性。

对于保存措施与方法的实施效果应进行评估。在实施保存措施后，应当定期进行评估和检查，以评估措施的实施效果。通过这样的评估，可以进一步完善保存措施，确保文化遗产得到持续保护和有效维护。

保存措施与方法的制定应当基于文化遗产的特点与状态，注重综合利用和可持续发展，并依据一定的标准进行选取。定期进行评估和检查也是保存措施的重要环节，以确保其有效性和可持续性。通过这些措施和方法的有机结合，我们能够更好地保护和维护我们宝贵的文化遗产。

（二）维护措施与方法

维护旨在保持文化遗产的原貌和历史风貌，延续其历史传承和内在价值。为实施有效的维护措施，采取一系列科学和系统的方法。

1. 建立健全的维护管理体系

这一体系应当包括遗产的详细记录和档案，专门的维护队伍，有效的预算和物资支持以及明确的工作流程和责任分工。通过建立健全的体系，我们能够更好地组织和管理维护工作，确保维护措施的科学性和有效性。

2. 文化遗产的日常保护和定期修缮

日常保护是指对文化遗产进行常规的监测、清洁和保养工作，以防止日常磨损和自然环境的影响。定期修缮则是指针对文化遗产的损伤和老化现象进行的修复和恢复工作。这些修缮可以是针对特定的部位或整体进行，具体取决于文化遗产的特点和需要。通过日常保护和定期修缮，我们能够保持文化遗产的完整性和可持续性。

3. 公众参与

通过鼓励公众参与，我们能够增强社会对文化遗产的认同感和保护意识。公众参与可以包括文化遗产的开放展示、教育活动、志愿者参与等形式。通过引入公众参与，我们能够让更多人了解和关注文化遗产，形成文化遗产的多元共享和保护。

4. 采用现代技术手段

例如，利用无损检测技术、数字重建技术和远程监测技术等先进技术，可以更精确地评估文化遗产的状况，并及时采取相应的修缮措施。现代技术也为文化遗产的保存和修缮提供了更多可能性，例如，利用 3D 打印技术进行复原、利用虚拟现实技术进行展示等。

维护措施与方法是保护和传承文化遗产的重要手段。通过建立健全的维护管理体系、进行日常保护和定期修缮、鼓励公众参与以及应用现代技术手段，我们能够更好地实施文化遗产的维护工作，确保文化遗产的可持续发展和价值传承。

（三）措施与方法的选取标准

根据文化遗产的特征和价值，选择措施和方法应当与其特点相匹配。考虑到文化遗产的不同类型，如建筑、文物、民俗等，我们必须针对每一种类型采取不同的措施。例如，在保存建筑类文化遗产时，注重结构的稳定性和材料的保护；而在保存文物时，关注细节的保护和物体的稳定性。在选取措施和方法时，应该充分考虑文化遗产的特征和所需的保护措施。

需要考虑保存与维护措施的可行性和可持续性。选取的措施和方法应该能够实际应用并保持长期有效。在选择措施时，我们要考虑资源的可获取性、技术的可行性以及成本的可承受性。只有具备这些方面的可行性，我们才能确保选择的措施和方法能够持续地应用于文化遗产的保护工作中。

还需要考虑社会的参与和文化遗产管理机构的支持。文化遗产保存与维护的成功需要社会各界的共同参与和支持。在选取措施和方法时，我们要尊重当地社区的观点和意见，并与相关利益相关者进行密切的合作。文化遗产管理机构的支持也是至关重要的，他们可以提供专业知识和技术支持，帮助我们做出合适的选择。

还需要考虑文化遗产的可持续性和传承性。保护文化遗产不仅仅是保护当前的遗产，更重要的是为了将其传承给后代。在选取措施和方法时，我们要重视文化遗产的可持续发展和传承。这就要求我们采取措施和方法，能够确保文化遗产的长期保护和传承，以便后代能够继续享受和传承这份宝贵的文化遗产。

无论是考虑文化遗产的特征和价值、可行性和可持续性，还是社会参与和文化遗产传承，我们都需要综合考虑这些因素，以确保我们选择的措施和方法能够最大限度地保护和传承文化遗产。只有这样，我们才能真正做到文化遗产保存与维护工作的可持续发展和成功实施。

（四）措施与方法的实施效果评估

在文化遗产保存与维护的过程中，对所采取的措施与方法的实施效果进行评估是至关重要的。通过评估实施的效果，了解措施与方法是否达到了预期的目标，是否有效地保护和维护了文化遗产。

评估实施效果需要建立科学的评估指标体系。这个指标体系应该包含对文化遗产保存和维护的各个方面的评估指标，例如，文物的保存状况、文化遗产价值的保持程度、观众参与程度等。只有建立了科学合理的指标体系，才能准确地评估实施效果。

评估实施效果需要进行实地考察和调查。通过实地考察和调查，直观地观察文化遗产的实际情况，了解措施与方法的实施情况以及实施效果。在考察和调查的过程中，可以采用定性和定量的研究方法，结合实际情况进行综合评估。

评估实施效果还需要对相关数据进行分析和统计。通过对收集的数据进行分析和统计，可以得出一些客观的结论，评估措施与方法的具体效果。例如，可以分析保存措施对文物保存状况的影响，维护措施对文化遗产价值保持程度的影响等。

在评估实施效果时，还可以参考已有的文献和经验。借鉴前人的研究成果和经验，可以为我们评估实施效果提供有益的参考和指导。也可以与其他文化遗产保存与维护项目进行比较，以进一步评估实施效果的优劣和改进的空间。

在评估实施效果的基础上，得出一些结论和建议。对于实施效果较好的措施与方法，可以继续保持并进行推广；对于实施效果较差的措施与方法，可以进行改进或者寻找替代方案。评估实施效果是一个不断循环的过程，通过不断的评估和改进，我们才能够更好地保存和维护文化遗产。

三、文化遗产保存与维护的法律规定和技术标准

（一）法律规定的内容与实施

法律规定了文化遗产的保护原则和目标，并给出了相应的措施和方法。其中，法律规定的内容主要包括文化遗产的定义和界定、保护的原则和目标以及

保护的范围等方面。

法律规定了文化遗产的定义和界定。根据相关法律法规规定，文化遗产可以包括具有历史、艺术、科学、社会、技术等价值的物质遗产和非物质遗产，如古建筑、古遗址、传统技艺、传统节庆等。通过明确文化遗产的范围和界定，法律为其保护提供了依据。

法律规定了文化遗产保护的原则和目标。文化遗产保护的原则包括全面保护、实施可持续发展、保护和发展相结合等。而保护的目标主要包括传递历史信息、传承传统文化、促进文化创新等方面。通过确立这些原则和目标，法律明确了文化遗产保护的方向和重点，指导相关部门和个人在保护实践中的行动。

在法律规定的组织和实施方面，相关部门要负责文化遗产的保护工作。这些部门一般包括文化遗产管理机构、文化遗产保护研究机构和文化遗产监管部门等。他们要根据法律规定的内容，制定相应的实施办法和细则，确保文化遗产保护顺利进行。他们还要加强对文化遗产保护工作的监督和管理，确保法律规定得到有效执行。

在法律规定的实施过程中，还需要社会各界的支持和参与。公众对文化遗产保护工作的重视和关注，对推动法律规定的有效实施具有积极的促进作用。法律规定也鼓励个人、社会组织和企业等参与到文化遗产保护中，共同守护和传承文化遗产。

在总结法律规定的实施情况时，需要注意对其效果进行评估和调整。法律规定是不断发展和完善的，根据实践中的需求和问题，对法律进行修订和调整是必要的。相关部门和研究机构要进行定期评估，及时反馈和修订法律，以保障文化遗产保护工作的可持续发展。

（二）技术标准的制定与应用

技术标准是衡量文化遗产保存与维护工作效果的重要指标，也是指导实际操作的依据。以下将论述技术标准的制定过程以及其在实践中的应用。

技术标准的制定需要充分考虑文化遗产的特殊性和复杂性。文化遗产的保存与维护需要运用多领域知识和技术手段，例如，建筑工程、材料科学、文物鉴定等。在制定技术标准时，必须充分调研和分析文化遗产的属性和特征，结合相关学科和领域的研究成果，确保技术标准的科学性和可操作性。

技术标准的制定需要参考国内外相关文献和经验。在全球范围内，各国都有针对文化遗产保护和维护的技术标准，这些标准包括保护文物、修缮古迹、传统工艺品等方面的内容。借鉴国际经验和最佳实践，能够使我国的技术标准更加科学和先进。

技术标准的制定需要充分考虑实际操作的可行性。文化遗产保存与维护往往面临复杂的情况和各种限制条件，例如，资金、人力、环境等方面的限制。在制定技术标准时，必须充分考虑这些实际因素，确保标准的可操作性和可持续性。

技术标准的应用需要与实践相结合。技术标准不仅仅是理论指导，更需要在实际工作中得到应用和验证。在应用技术标准时，需要严格按照标准的要求进行操作，并及时进行监测和评估。还需要不断总结经验，完善技术标准，以适应文化遗产保存与维护工作的发展变化。

（三）法律规定与技术标准的协同作用

法律规定为文化遗产的保护提供了法律依据和强制性规定，技术标准则为具体的保存与维护工作提供了具体的指导和操作规范。

法律规定和技术标准在文化遗产保护中起着相互协调的作用。法律规定明确了各种文化遗产的保护范围、保护原则和保护措施，为文化遗产的保存与维护提供了法律依据。而技术标准则细化了具体的保护方法和技术要求，为具体的操作提供了指导和规范。法律规定和技术标准相辅相成，通过其协同作用，确保了文化遗产的有效保护和合理维护。

法律规定与技术标准的协同作用体现在对文化遗产的全面保护上。法律规定涵盖了对各种不同类型的文化遗产的保护，包括文物、古迹、传统艺术等多个方面。而技术标准则针对不同类别的文化遗产制定了具体的保护要求和实施措施，确保了对每个文化遗产的全面保护。法律规定和技术标准之间的协同作用，使文化遗产的保护工作更加全面、系统，并且能够适应不同类型的文化遗产特点和需求。

法律规定与技术标准的协同作用还在于其对文化遗产传承和可持续发展的推动。法律规定了文化遗产的保护原则和目标，要求将文化遗产的保护与社会经济发展相结合。而技术标准则为文化遗产的保存与维护提供了科学的技术支撑，使文化遗产保护的实践更加科学、高效。法律规定和技术标准的协同推动，可以促进文化遗产的传承和可持续发展，保护好我们的珍贵文化遗产，使其在现代社会中发挥更大的价值和意义。

第三节　文化遗产的修复与重建

一、文化遗产修复与重建的必要性

（一）社会文化价值的传承

文化遗产修复与重建的必要性体现了社会文化价值的传承。作为一个国家或地区的文化遗产，其背后承载了丰富的历史与文化内涵。通过修复与重建，可以确保这些宝贵的文化遗产得以传承并传播给后代，让人们对历史和文化有更多的了解和认知。

社会文化价值的传承对于凝聚社会共识和加强民族认同具有重要意义。文化遗产具有独特的文化符号和象征意义，其修复和重建将引发公众的共鸣，增强大家对于文化传统的共同关注和尊重。例如，对于一座历史建筑的修复，不仅仅是恢复外观的美观，更是在保留其历史风貌的基础上，向公众展示那个时代的文化氛围和建筑风格，从而增进大家对于传统文化的认同感。

社会文化价值的传承有助于推动经济发展和旅游业的繁荣。文化遗产修复和重建对于促进旅游经济有着显著的推动作用。许多文化遗产具有独特的历史和艺术价值，吸引了大量游客前来参观。通过修复和重建，可以恢复文化遗产的原貌，提升其吸引力，吸引更多的游客，进而带动当地旅游产业的发展，增加就业机会和经济收入。

社会文化价值的传承对于实现社会可持续发展具有重要意义。文化遗产作为人类共同的精神财富，其传承需要社会各界的共同参与和支持。通过修复和重建，可以激发公众对文化遗产保护意识的增强，并培养人们的文化自豪感和责任感。这种参与和支持的积极性将有助于推动文化遗产保护事业的长期发展，实现社会可持续发展的目标。

通过修复和重建，社会文化价值可以得到传承和发扬，促进社会共识的形成，推动经济发展和旅游业的繁荣，并推动社会可持续发展的实现。所以，我们应高度重视文化遗产修复与重建的必要性，为其提供充足的支持和资源，以实现文化遗产的全面保护和传承。

（二）艺术价值的维护

艺术价值是指文化遗产中体现的艺术表现、审美特征和艺术文化内涵，是文化遗产所具有的独特艺术魅力和艺术历史意义。在修复与重建的过程中，重视并致力于维护和传承文化遗产的艺术价值。

通过适当的修复与重建手段来保护文化遗产所体现的艺术价值。这可以通过精确的材料选择、工艺技术和修复方法来实现。例如，对于古建筑的修复，尽可能使用与原材料相似的材质，并采用传统的修复工艺，以确保文化遗产的原汁原味得以保留。还可以利用现代科技手段，如三维建模和虚拟重建技术，来还原文化遗产的艺术特征，使人们能够更好地了解和欣赏文化遗产所呈现的艺术魅力。

注重文化遗产中的艺术审美特征的传承。艺术审美特征是指文化遗产所具有的独特的美学价值和审美标准。在修复与重建的过程中，尽量还原文化遗产的原始美学特征，并尊重其艺术风格和审美原则。这需要专业的艺术设计师和修复人员的参与，他们应该具备对艺术历史和审美学的深入理解，能够在修复与重建中恰当地保留并重现文化遗产的艺术审美特征。

维护艺术价值还需要重视文化遗产的艺术文化内涵的传承。艺术文化内涵包括文化遗产背后的历史、文化、信仰和意义等方面。在修复与重建的过程中，通过深入的研究和整理，准确把握文化遗产的艺术文化内涵，并通过合适的展览、教育和宣传手段，向公众传递和传承这些艺术文化内涵。这不仅有助于提高公众对文化遗产的认知和理解，还可以增加人们对文化遗产的关注和保护意识，从而实现对艺术价值的长久维护。

（三）历史价值的保护

无论是古建筑、古遗址还是其他具有历史意义的文物，都承载着过去的记忆和历史的积淀，对于我们了解和认识过去的社会和文化起着重要作用。采取必要的措施来保护和传承历史的价值。

保护历史价值需要依据科学严谨的研究和分析。在修复和重建的过程中，进行深入的历史考察和研究，了解文物的建造时期、历史背景以及在不同历史阶段的演变过程。只有通过对历史的全面了解，我们才能更好地定位文化遗产的价值所在，制订更加科学和有效的修复方案。

遵循历史原貌的原则进行修复。保护历史价值不仅仅是修复建筑物的物质形态，更重要的是要恢复其独特的历史风貌和特色。在修复过程中，我们要尽量保留原有的结构和元素，并借助现代技术手段来加固和修复破损的部分。我们还需要注重细节的处理，力求使修复后的建筑与周围环境和谐统一，展现出历史脉络和文化内涵。

我们还需要加强文化遗产管理和监督，确保历史价值得到有效的保护和传承。在修复和重建的过程中，应设立专门的管理机构或委员会，负责对修复工作的全程监督和指导。要加强对修复工作的评估和审查，确保修复过程符合相关标准和规范，并避免僭越和随意性的行为。只有通过严格的管理和监督，我们才能更好地确保历史价值的有效保护。

二、文化遗产修复与重建的基本原则

（一）原真性原则

原真性原则要求修复和重建的作品尽可能地保持其原有的真实性和独特性。原真性体现了对文化遗产的尊重和保护，旨在确保修复和重建后的作品能够真实地再现历史和文化价值。

在遵循原真性原则的过程中，修复和重建的作品不能随意增减，不能随意改变原有的形态和特征。在修复过程中需要使用与原材料相近的材料，采用与原工艺相似的修复方法。这样可以最大限度地保持作品的原有特点，使其呈现出历史的完整性和连贯性。

原真性原则在修复和重建的过程中起到了重要的指导作用。它要求修复和重建者要充分研究和了解作品的历史背景、制作工艺和材料特性，努力追求真实性，使修复和重建后的作品能够给人们带来真实的历史感受和文化体验。

原真性原则的落实需要各方面的努力和合作。修复和重建机构、专家学者、文化遗产管理部门以及社会公众都要共同努力，共同保护和传承好文化遗产。只有通过共同的努力，才能确保修复和重建的作品在保持原有特点的基础上得到更好地展现和传承。

以原真性原则为基础的文化遗产修复和重建工作，在推动文化遗产保护和传承的同时也能够带动当地经济的发展和社会的进步。因为修复和重建的作品通常都会成为旅游景点，吸引游客和文化爱好者前来参观和学习。这为当地带来了就业机会和经济收入，同时也增加了对文化遗产的认知和关注。

通过遵循原真性原则，修复和重建的作品能够保持其原有的特点，真实地再现了历史和文化的价值，同时也为当地经济和社会的发展带来了积极的影响。重视原真性原则的落实，共同努力保护和传承好我们的文化遗产。

（二）适应性原则

适应性原则强调了修复和重建工作必须符合特定的文化遗产环境和背景。修复和重建的目的是保护文化遗产的价值和独特性，并使其在现代社会中发挥作用。

适应性原则要求修复和重建工作要尊重和保留文化遗产的历史和痕迹。这意味着需要充分了解文化遗产的历史背景、建筑风格、材料使用等方面的特点。修复工作应该遵循传统的修复技术和手法，以确保修复后的文化遗产能够保持其原有的风貌和特色。

适应性原则还要求修复和重建工作要符合当地社会、文化和环境的需求。这意味着修复和重建应该考虑到周边环境的改变和当地居民的意见。修复后的文化遗产应该能够适应当地社区的使用和需求，为人们提供一个有意义的场所，并促进社会和谐与发展。

在实践中，适应性原则需要综合考虑多个因素，如社会、经济、环境等方面的条件。修复和重建的设计应该充分考虑到使用功能的变化和灵活性，以适应未来可能的需求和挑战。适应性原则还要求修复和重建工作要注重可持续性，以确保文化遗产的长久保护和利用。

在国际及国内标准方面，适应性原则的实施也得到了广泛的认可和引用。国际上有关文化遗产修复与重建的标准和准则，如《文化遗产修复原则》和《国际文物修复准则》等，都强调了适应性原则的重要性。在国内，相关的法律和政策也对适应性原则进行了规范和指导。

（三）可持续性原则

可持续性原则的核心思想在于保障修复和重建的持久性，使文化遗产在长期的时间维度下能够得到有效保护和传承。可持续性原则主要涉及以下几个方面。

可持续性原则要求在修复与重建过程中充分考虑环境保护和资源利用。文化遗产往往存在于具有特殊生态环境的地区，在修复和重建中要注重生态环境的保护，避免对环境造成进一步破坏。在资源利用方面，要注重节约和合理利用，避免浪费和过度消耗。只有在环保和资源利用方面做好考虑，修复和重建的成果才能够真正具备可持续性。

可持续性原则要求将社会经济发展与文化遗产修复和重建相结合。文化遗产修复与重建不仅仅是保护历史遗迹和文化传统，也应当为当地社会和经济的发展做出贡献。在修复和重建过程中要与当地的社会经济发展规划相结合，找到落地的方式和方法，使修复和重建成果能够促进当地经济的繁荣和社会的进步。

可持续性原则要求加强文化遗产的社会参与和共享。文化遗产是整个社会的共同财富，应当让更多的人民群众参与到修复和重建过程中来。通过广泛的社会参与和共享，可以实现修复与重建的持久性和可持续性。社会参与还可以增加修复和重建的透明度与公正性，避免出现利益驱动和私利行为，从而保证修复和重建的长期效益和公共价值。

可持续性原则还要求加强对修复和重建成果的评估与监测。通过对修复和重建成果进行评估和监测，可以及时发现问题和不足，及时进行调整和改进。评估和监测还可以为后续的修复和重建工作提供经验与借鉴，为实现可持续性提供基础和支持。

通过充分考虑环境保护和资源利用、结合社会经济发展、加强社会参与和共享以及加强评估和监测，可以实现修复和重建成果的持久性和可持续性，为文化遗产的保护和传承做出积极贡献。

三、文化遗产修复和重建的实践与经验

（一）技术手段与方法

在技术手段方面，传统的修复方法主要包括保护、修复、重建和再利用。保护是指采取各种手段保护文化遗产的原貌和完整性，包括定期检查、维护、清洁等。修复是指对已经损坏的文化遗产进行局部修复，保持其原有的风貌和历史特征。重建是指对已经毁坏的文化遗产进行整体或部分重建，以恢复其原始的形态和功能。再利用是指将修复或重建完成的文化遗产用于新的功能，使其得到更好的利用和保护。

在技术方法方面，常用的修复技术包括建筑、结构、材料等方面。建筑修复技术主要包括屋顶修复、墙体修复、地基处理等，旨在保持建筑的完整性和稳定性。结构修复技术则是针对文化遗产的内部结构或支撑结构进行修复，使其恢复原有的牢固性和稳定性。材料修复技术则是针对文化遗产中的各种材料进行修复和保护，包括木材、石材、彩绘等的修复与保护。

还可采用现代科技手段进行文化遗产的修复与重建。例如，数字化技术可用于对文化遗产进行三维扫描和建模，使修复过程更加精确和准确。激光清洗技术可用于对文化遗产的表面进行清洁和去污，以保持其原有的外观和质感。通过虚拟现实技术可以实现对文化遗产的虚拟展示，为观众提供沉浸式的参观体验。

（二）实践中的问题与挑战

1. 资金

修复和重建工程通常需要大量的资金投入，但是文化遗产的保护与修复并不像商业项目那样可以直接获取经济收益。如何寻找可持续的融资渠道成了一个亟待解决的问题。除了政府拨款和民间捐赠之外，私营部门的参与也是一个重要的途径。例如，可以通过与企业合作，在修复与重建过程中加入商业元素，以实现经济效益与文化保护的双赢。

2. 技术手段与方法

不同的文化遗产修复与重建项目需要采用不同的技术手段与方法。例如，对于古建筑的修复，需要专业的建筑工程师和工匠，他们需要掌握古建筑的结构特点和传统工艺，以确保修复的准确性和可持续性。而对于考古遗址的重建，需要考古学家和文物保护专家的共同努力，以还原历史面貌并保护文物本身的完整性。科学研究与技术创新的支持至关重要，只有通过不断地探索和实践，才能不断改进修复与重建的技术手段和方法。

3. 实践中也存在一些问题与挑战

比如，政府与民间组织之间的协调与合作是一个挑战。修复与重建工程通常需要政府的支持和监管，但是同时也需要民间组织的专业知识和人力资源。政府与民间组织之间需要建立有效的沟通和合作机制，共同推动文化遗产的修复与重建工作。

在文化遗产修复与重建的实践过程中，我们面临着资金、技术、经验和合作等方面的问题与挑战。通过寻找可持续的融资渠道，不断提升技术手段与方法，总结经验教训，加强政府和民间组织的合作，我们有信心克服这些问题与挑战，为保护和传承优秀的文化遗产做出更大的贡献。

四、文化遗产修复与重建的融资渠道和政策支持

（一）政府资金支持

政府资金支持涉及预算的安排与分配。政府可以通过制定专项预算，明确划拨一定比例的资金用于文化遗产修复。在预算安排的过程中，政府应该充分考虑不同文化遗产项目的特点和重要性，以合理的方式划分资金。这样做既可以满足修复项目的需求，又能够更好地保护和传承我国的丰富文化遗产。

政府资金支持还包括各级政府的投资和补贴政策。政府可以通过向文化遗产修复项目提供直接投资或者给予一定的补贴，促进修复工作的开展。通过投资和补贴政策，政府能够增加修复项目的资金来源，提高项目的完成质量和效率。政府还可以鼓励社会资本的参与，通过合作的方式实现民间资本的有效利用，进一步增强修复项目的可持续性。

政府资金支持还需要建立一套严格的监督和评估机制。政府应该加强对资金使用的监管，确保资金使用的合理性和有效性。政府需要及时对文化遗产修复项目进行评估和考核，对项目的进展和成果进行监测和评价，以确保政府资金的有效利用和修复工作的质量。

政府资金支持还能够激发社会资本的积极参与，共同推动文化遗产修复事业的发展。政府应该进一步加大对文化遗产修复工作的资金支持力度，为修复工作提供更加坚实的经费基础。

（二）社会资本的引入

社会资本可以通过捐赠和赞助的形式，为文化遗产修复与重建项目提供资金支持。各个企业、组织以及个人可以根据自身的能力和意愿，向相关项目捐赠资金或提供赞助。这种方式不仅可以增加资金筹集的渠道，还能够激发社会各界对文化遗产的关注和参与。

社会资本还可以通过投资与合作的方式，为文化遗产修复与重建项目提供财务支持。通过与社会资本进行合作，可以实现共赢的目标。企业投资文化遗产修复与重建项目不仅可以为其带来经济回报，还能够提升企业形象，增强企业社会责任感。文化遗产修复与重建项目也能够吸引更多的游客和文化爱好者，为社会创造经济效益。

社会资本还可以通过众筹的方式，为文化遗产修复与重建项目提供资金支持。众筹作为一种集众多个人的力量进行资金筹集的方式，可以通过线上平台进行发布和宣传，吸引更多的人参与到项目支持中来。众筹不仅可以提供资金，还能够凝聚一批热爱文化遗产的支持者，形成社区共同参与的氛围。

在引入社会资本的过程中，应当建立相应的监管机制，确保各方的权益得到保护。政府可以提供相应的激励政策，鼓励企业和个人参与文化遗产修复与重建项目的社会资本引入。比如，可以给予相关项目税收优惠政策、名誉奖励以及项目宣传支持，提高社会资本参与的积极性。

（三）相关政策的梳理与建议

在进行文化遗产修复与重建工作时，相关政策的制定和实施至关重要。这些政策可以为文化遗产修复与重建提供融资渠道和政策支持，推动工作的顺利进行。以下将对相关政策进行梳理，并提出一些建议。

政府在文化遗产修复与重建方面具有重要作用。各级政府应加大对文化遗产修复与重建的资金投入，并制定相应的政策措施。例如，可以通过设立专项资金，向有修复价值和潜力的文化遗产项目提供资助和补贴。政府还应加强监管与评估，确保投入的资金能够得到有效利用，修复与重建工作符合相关标准和规范。

社会资本的引入也是一个重要的渠道。通过引入社会资本，可以增加资金来源，促进文化遗产修复与重建的实施。社会资本可以包括企业、机构和个人等各个方面的力量。政府可以鼓励社会资本参与文化遗产修复与重建项目，提供相应的减税和优惠政策，同时确保项目的可持续发展和社会效益。

在制定政策时，应注重兼顾保护和发展的平衡，尊重历史和文化的独特性。政策应体现长远规划和可持续发展的原则，提供灵活、透明和公正的执行机制。政策还应加强对修复与重建工作的监管和评估，确保项目的质量和效果。

第四章　非遗传承与文化遗产保护法律机制的构建

第一节　非遗传承与文化遗产保护法律机制的构建原则

一、构建的原则概述

（一）保护真实性原则

保护真实性原则强调了对非遗传承项目的真实性和原真性的保护。所谓真实性，即指非遗传承项目传承过程中的真实性，包括项目的传承方式、技艺的传授、传承人的身份等方面。原真性则强调的是传统非遗项目的根据地和根据源，即传统非遗项目作为民族文化的一部分，必须保持其原本的面貌和特点。

保护真实性的实施可以通过多种手段来实现。建立相关的法律法规，明确非遗传承项目的真实性保护要求。这些法律法规可以明确传承方式、传授的流程、传承人的资格等，确保非遗项目的传承过程具备真实性和原真性。建立非遗传承项目的监督机制，对传承过程进行监督和评估。通过对传承过程的监督，可以保证非遗传承项目的真实性和原真性得到有效维护。还可以通过开展相关的宣传和教育活动，提升公众对非遗传承项目真实性保护的认识。这种教育宣传不仅有助于传承人和社会大众对非遗传承项目的了解，也可以提高非遗传承项目真实性保护的意识和重视程度。

保护真实性原则的实施对于非遗传承与文化遗产保护的可持续发展具有重要意义。只有保证了非遗项目传承的真实性，才能更好地保护和传承非物质文化遗产。非遗项目作为民族文化的瑰宝，承载着民族的记忆和传统。如果虚假的非遗传承项目得到宣传和传承，将对社会产生误导，甚至损害非遗项目的声誉和价值。保护真实性原则的遵循是非常重要的。

在非遗传承与文化遗产保护法律机制构建中，保护真实性原则与其他原则相辅相成，相互促进。保护真实性原则的实施，可以为整体性保护、可持续发展和公众参与原则提供良好的基础。只有在保护真实性的前提下，才能实现对非遗传承项目的全面保护，并促进其可持续发展和公众参与。在非遗传承与文化遗产保护法律机制构建过程中，要充分重视保护真实性原则的实施，确保非遗传承项目的真实性得到有效保护和传承。也要注意与其他原则的协调，构建一个有效、全面的保护机制，促进非遗传承与文化遗产保护的发展。

（二）整体性保护原则

在非遗传承与文化遗产保护方面，整体性保护原则强调非遗文化的整体性，即非遗项目在保护中应作为一个完整的系统来予以考虑和保护，而不是将其割裂或部分化。这一原则的目的是确保非遗传承的真实性和完整性得到最大限度的保护，并以此为基础促进可持续发展。

整体性保护原则的实施需要从多个层面进行考虑和落实。针对非遗项目的保护，应当考虑项目的内在联系和相互依存关系。这意味着保护工作不仅仅要着重关注非遗项目本身的特点和属性，还要考虑与之相关的场所、环境、物质、技术等因素。只有通过综合考虑这些因素，才能真正保护非遗项目的整体性，并防止对非遗传承造成不可逆的损害。

整体性保护原则还强调非遗项目与其他文化遗产之间的关系。非遗项目往往与其他文化遗产有着密切的联系和互动，因此，在保护中应当注重整体性，避免孤立地对非遗项目进行保护。相反，应该通过整合各种文化遗产资源，形成一个有机的整体，使各个元素相辅相成、相互促进。

整体性保护原则还提倡非遗传承与文化遗产保护在社会层面上的整合。这就意味着在法律机制的构建和实施过程中，应当强调公众参与和社会共治的重要性。通过广泛的社会参与和民众的积极参与，可以形成一个综合性的保护体系，不仅能够更好地保护非遗传承的整体性，还能够促进非遗项目在社会发展中的可持续性。

通过考虑和保护非遗项目的整体性，我们能够更好地保护非遗传承的真实性，促进可持续发展，增强公众参与，实现对非遗项目的全面保护和传承。在法律机制的建立和实施过程中，我们应当充分重视整体性保护原则的应用，确保非遗传承和文化遗产保护工作能够取得更加积极的成效。

（三）可持续发展原则

作为一种重要价值观和社会理念，可持续发展原则意味着人类社会应该在满足当前需要的保护和提升自然资源与环境的质量，以确保未来世代的需求能够得到满足。在非遗传承与文化遗产保护中，可持续发展原则的运用具有重要意义。

可持续发展原则在非遗传承中保护了自然环境资源。许多非遗项目与自然环境密切相关，例如，与自然景观、生态系统、自然资源等紧密相连，对其保护具有重要意义。通过制定相关法律法规，加强对非遗传承项目所涉及的环境资源的保护，可以避免环境污染和破坏对非遗的负面影响，确保非遗项目与自然环境相协调、相融合。

可持续发展原则促进了非遗传承与社会经济的协调发展。非遗项目作为一种独特的文化资源，不仅具有保护与传承的价值，也具有促进经济发展的潜力。要实现非遗传承与社会经济的协调发展，需要制定相关法律法规，加强对非遗产业的扶持和保护，并建立起相应的经济和社会支持体系，以推动非遗项目的可持续发展，实现经济效益和文化价值的双赢。

可持续发展原则鼓励非遗传承与社会公众的参与。非遗项目的传承不仅是少数专业人士的工作，也需要社会各界的广泛参与和支持。通过制定相应的法律法规，明确公众参与的渠道和方式，鼓励社会各界积极参与到非遗传承的过程中，可以更好地实现非遗保护的可持续发展。在公众参与中，可以促进文化认同感的增强，加深社会对非遗传承的理解与认同，推动非遗传承的繁荣和发展。

通过保护自然环境资源、促进经济社会协调发展、鼓励公众参与等方式，可以实现非遗传承的可持续发展，推动非遗保护事业的繁荣和发展。在非遗传承与文化遗产保护的相关法律法规和制度建设中，应充分考虑和运用可持续发展原则，以确保非遗传承与发展的长远性和稳定性。

（四）公众参与原则

公众参与的理念强调非遗传承和文化遗产保护不仅仅是由政府、专家和学者来决定和执行的，更需要广大公众参与其中。这一原则的提出，旨在增强非遗传承和文化遗产保护的公共性和民主性，使公众成为非遗保护的主体和参与者。

在公众参与原则的指导下，非遗传承与文化遗产保护的法律机制构建应当注重以下几方面。

应当建立起公众参与的制度化机制，为公众提供参与的平台和途径。例如，可以设立非遗传承与文化遗产保护专家委员会，招募公众代表参与其中，参与对非遗项目的评估、保护计划的制订等决策过程。

公众参与需要提供充分的信息共享和透明度。即要求相关部门、项目组织方向公众公开非遗传承与文化遗产保护的相关信息，包括法律法规、政策文件、项目进展等。只有公众了解到相关的信息，才能更好地参与到保护活动中。

需要开展非遗传承与文化遗产保护的教育培训工作，提升公众的保护意识和专业素养。通过开展非遗相关的培训、讲座、展览等活动，可以不断提高公众对非遗传承和文化遗产保护的认识，激发公众对保护工作的热情。

公众参与原则还要求政府和相关部门积极倾听公众的声音，充分尊重公众的意见。在决策和管理过程中，应当广泛听取公众的建议和意见，并据此进行调整和改进。只有真正实现公众参与的民主性和平等性，才能更好地推动非遗传承与文化遗产保护工作的开展。

二、构建的保护真实性原则

（一）保护真实性原则定义与应用

保护真实性原则意味着要保持非物质文化遗产传承中的真实性与原始性。这意味着相关方应当尊重非物质文化遗产的特点和核心价值，避免对其进行误解、歪曲或篡改。非物质文化遗产传承人的知识、技能和经验应得到充分尊重与保护，以确保传统技艺或文化形式的真实性得以传承。

在实际应用中，保护真实性原则需要在法律法规中明确规定，并建立相应的措施和机制来加以保障。一方面，要建立完善的认定程序，确保非物质文化遗产的真实性。这可通过组织专家、相关社群和遗产传承人进行评估、鉴定和验证等方式来实现。另一方面，要建立相应的管理机构和监管制度，确保非物质文化遗产在传承过程中不受损害。这涉及加强遗产传承人的培训与保护，提供专业支持和监督，并建立举报和申诉机制，以防止非物质文化遗产的侵权、被盗窃和滥用行为。

以江南水乡木雕技艺的传承为例，该非物质文化遗产技艺历史悠久，具有独特的艺术价值。在保护真实性原则的指导下，相关的法律法规应对该传统技艺的认定、传承人的培训、木雕作品的生产和销售等方面进行规范。通过建立认定机构和专家团队，对传承人的技艺进行评估，防止滥竽充数的情况发生。要加强对木雕作品市场的监管，避免虚假宣传和仿制低劣品对真正的江南水乡木雕技艺造成伤害。

明确该原则的定义与应用，有利于确保非物质文化遗产的真实性和原始性得以保护，进一步促进非遗传承的可持续发展和保护。在实践中，应建立完善的认定程序和管理机构，确保相关法律法规的有效实施，同时进行案例研究和政策探析，为完善法律机制提供支持和借鉴。这将有助于构建一个有力的法律框架，保护和传承我国丰富多样的非物质文化遗产。

（二）现行法律政策探析

在非遗传承与文化遗产保护的法律机制构建中，保护真实性原则、整体性保护原则和可持续发展原则已经广泛应用。公众参与原则在当前的法律政策中还需要进一步强化和完善。

对于非遗传承与文化遗产的保护真实性而言，现行法律政策采取了一系列举措。例如，要求文化遗产机构和组织在非遗传承项目的申报和评定过程中，进行严格的审核和核查，确保非遗项目的真实性和传承的连续性。还对非遗传承人的资质和能力进行评估，以确保他们具备传承非遗项目的合适条件。尽管现行法律政策力求保护非遗项目的真实性，但在执行过程中仍然存在一些问题。例如，一些非遗项目由于长时间未得到有效保护和传承，已经发生了失真或变异，如何恢复其原始的真实性仍然是一个挑战。

整体性保护原则在现行法律政策中也得到了一定的关注和应用。它强调非遗传承项目的全面保护，不仅包括非物质性的表现形式，还包括相关的物质和环境因素。目前，一些法律政策已经对非遗传承项目的保护范围进行了扩大，不仅仅限于对非遗项目本身的保护，还包括对相关文化遗产场所、设施等的保护。整体性保护原则在实践中仍然面临一些挑战，特别是在城市化进程加快的背景下，如何保护非遗传承项目所在的传统环境和文化背景是一个亟待解决的问题。

可持续发展原则强调非遗传承与文化遗产保护需要在经济、社会和环境三个方面实现可持续发展。现行法律政策已经在非遗保护项目中加强了可持续发展的意识和要求，例如，鼓励非遗项目与旅游、教育、就业等方面的融合。现行法律政策在促进非遗传承与可持续发展之间的协调和平衡方面仍然有待加强。特别是在一些非遗传承项目所在地的经济困境和资源压力下，如何确保非遗传承的持续发展仍然是一个重要的问题。

三、构建的整体性保护原则

（一）整体性保护原则的定义与应用

整体性保护原则的主要目的是保护非遗的整体性，即对于特定的非物质文化遗产项目，应该采取综合性的保护措施，不仅仅局限于某个方面或某个层面的保护。这种综合性的保护需要涵盖物质和非物质两个维度，同时也需要融入文化、社会、经济等各个领域。只有通过整体性的保护，才能更好地实现非遗的传承和保护。

在实践中，整体性保护原则具体的应用包括以下几方面。

要从宏观角度出发，建立起完善的非遗传承与保护体系。这意味着要依靠法律法规、政策措施等手段，明确非遗的保护范围、保护责任和保护目标，确保各方的合力参与。还需要加强非遗的数字化建设，通过数字媒体的手段，广泛传播非遗的知识和信息，提高公众对非遗的认知和关注。

在非遗传承和保护的过程中，需要强调持续性和可持续发展。非遗项目不仅仅是静态的，而且是动态的，需要与时俱进地进行创新和发展。在整体性保护原则的指导下，应该注重非遗项目的传承与创新的结合，鼓励传承人进行创新性地改进和拓展，以适应现代社会的需求。

整体性保护原则还要求公众的参与和共享。非遗传承与保护不仅仅是政府的责任，也是社会各界共同关注和参与的问题。在制定非遗保护政策和措施时，应该广泛征求公众的意见和建议，使公众成为非遗传承保护的参与者和受益者。还应该通过各种途径，如举办展览、表演等活动，让公众可以亲身体验非遗的魅力，从而加深对非遗的认同和关注。

通过综合性的保护措施，包括完善的保护体系、持续性的发展以及公众的参与和共享，可以更好地保护非遗的整体性，实现非遗的传承和保护的目标。还需要进一步完善相关法律政策，提高非遗保护的效果和影响力，以满足现代社会对非遗传承保护的需求。

（二）现行法律政策探析

为了保护非物质文化遗产的整体性，各国普遍建立了相应的法律机制。在中国，非遗传承与文化遗产保护法律机制中的整体性保护原则得到了充分的重视和应用。现行法律政策探析，能够揭示出整体性保护原则在实际运作中的具体措施和效果，进一步强调了整体性保护原则在非遗传承中的重要性。

整体性保护原则要求非遗传承的过程中，要注重非遗物、非遗技艺、非遗环境等各个方面的协调。在现行法律政策中，可以看到明确规定了对非遗物的保护，包括建立相应的保护区域、专门设立保护部门等措施，以确保非遗物得到全面、综合的保护；也要求对非遗技艺的传承予以重视，通过制定相关政策来推动非遗技艺的传承和发展；非遗环境的保护也体现了整体性保护原则的要求，通过保护非遗活动场所的自然和社会环境，保护传统的非遗文化生态系统。

整体性保护原则还要求非遗传承与现代社会的发展相结合。现行法律政策对于非遗传承的整体性保护也包括与现代社会的对接，例如，促进非遗产业化发展、鼓励非遗与文化旅游的结合等。通过在非遗传承过程中注重与现代社会的融合，能够让非遗文化在现代社会中保持活力和传承。

整体性保护原则还要求非遗传承要与公众参与相结合。现行法律政策中，公众参与被看作是非遗传承与保护的重要环节，通过倡导社会各界的积极参与，促进非遗保护工作的落地实施。这种公众参与的方式，既能让更多的人了解和关注非遗文化，也能让非遗传承得到广泛的认可和支持。

现行法律政策探析揭示了非遗传承与文化遗产保护法律机制中整体性保护原则的具体应用。通过注重非遗物、非遗技艺、非遗环境的协调，将非遗传承与现代社会的发展相结合以及推动公众参与，能够有效保护非遗的整体性。我们应该不断完善现行法律政策，以适应社会的变革和非遗传承的新需求，并进一步加强国际交流与合作，共同促进非遗的保护与传承。

四、构建的可持续发展原则与公众参与原则

（一）可持续发展原则的定义与应用

可持续发展原则强调了非遗传承与文化遗产保护在保护与发展之间的平衡。可持续发展原则在实践中有着重要的意义，它不仅关注当前的保护工作，还关注未来的发展和传承。

可持续发展原则要求非遗传承与文化遗产保护在保护措施中采取长期的、持续的措施。这意味着非遗传承与文化遗产保护的工作不能只注重眼前的短期效果，更应该考虑时间的延续性和传承性。这需要我们在制定相关政策和法律

时，要思考将非遗传承与文化遗产保护融入长期发展规划中，同时要制定长期保护措施，以确保文化遗产的可持续发展。

可持续发展原则要求非遗传承与文化遗产保护与社会、经济和环境发展相协调。这意味着保护工作要有利于社会的发展、经济的繁荣和环境的保护。在制定相关政策和法律时，需要考虑非遗传承与文化遗产保护对当地经济和社会发展的潜在影响，以及如何利用文化遗产资源为当地经济带来可持续的发展。还要关注环境的保护，避免保护工作对生态环境造成负面影响。

可持续发展原则还要求保护工作要与当地社区进行密切合作，实现公众参与。公众参与是保护工作的重要环节，在非遗传承与文化遗产保护的法律机制中起着重要的作用。公众参与既能增加保护工作的透明度和合法性，也能提高保护工作的有效性。在制定非遗传承与文化遗产保护的法律和政策时，应当重视社区的声音和意见，并鼓励社区参与保护工作的决策制定和实施过程。

（二）公众参与原则的定义与应用

公众参与原则强调的是公众在文化遗产保护和非遗传承中应该扮演的积极角色。公众参与原则的核心理念是将文化遗产保护的责任和权力下放给广大公众，使他们成为文化遗产保护的参与者、受益者和决策者。

公众参与原则在非遗传承与文化遗产保护法律机制中的应用体现在决策过程中公众的权利。该原则主张在制定相关政策和法规时，应当广泛征求公众的意见和建议，并尊重公众对于文化遗产保护的态度和期望。例如，在制定非遗传承项目时，相关部门可以组织公开听证会、征求公众意见，以便了解公众对于文化遗产保护的态度和需求，并在决策过程中加以考虑。

公众参与原则还强调的是公民的知情权和参与权，即在文化遗产保护和非遗传承的过程中，公众应当得到充分的信息，了解相关政策、项目、进展等内容，并有权参与到相关工作中。这要求相关部门应当积极向公众提供文化遗产保护的知识、信息和操作方法，以便公众能够积极参与到文化遗产保护和非遗传承中，发挥他们的主体作用。

公众参与原则的应用还需要考虑文化多样性的尊重和保护。在非遗传承与文化遗产保护的过程中，不同的地区、社群、民族有着不同的文化传统和习俗，这些差异性需要得到充分的尊重和保护。在制定相关法律机制时，应当考虑不同社群的意见和建议，注重保护文化多样性。

（三）现行法律政策的探析

现行的非遗传承与文化遗产保护法律机制在可持续发展原则和公众参与原则方面面临一些挑战和问题。对于可持续发展原则的应用，现行法律政策尚未完全明确。尽管非遗项目的保护工作已经取得了一定的成果，但在确保其可持续发展方面，还存在一些不足。现行法律政策对于如何实现非遗传承与可持续发展的有效结合，以及如何平衡保护与利用之间的关系还需要进一步加强。为了实现非遗的长期传承和发展，进一步完善非遗传承和保护的法律机制，推动非遗项目在经济、社会和环境方面的可持续发展。

公众参与原则在现行法律政策中的应用亟须加强。非遗传承和文化遗产保护是整个社会共同的责任和使命，需要广大公众的积极参与和共同努力。目前，现行法律政策对于公众参与的机制和途径并不充分。公众在非遗传承和保护过程中的主体地位和参与渠道尚未得到充分保护和拓展。要实现真正的公众参与，建立一套全面、有效的公众参与机制和平台，让公众能够更加深入地了解非遗传承的价值和意义，提供他们的意见和建议，并参与到具体的保护工作中。

在进行现行法律政策的探析时，认识到其中存在的问题和挑战，同时也要积极寻求解决的办法和对策。为了更好地保护非遗传承与文化遗产，借鉴国际先进的经验和做法，加强法律政策的完善和创新。在现行法律政策中明确规定可持续发展原则的要求，鼓励非遗项目在保护的同时发挥经济效益、社会效益和环境效益。设立更加便捷和有效的公众参与平台，鼓励公众积极参与非遗传承和保护事务。除此之外，加强对非遗传承人的培训和支持，提高他们的传承能力和意识，推动非遗项目的传承工作取得更加持久和有力的效果。

现行法律政策在可持续发展原则和公众参与原则方面仍然存在一些不足和问题。为了更好地保护非遗传承与文化遗产，进一步加强法律政策的完善和创新，只有通过更加精细化、全面化的法律机制，才能有效地保护和传承非遗项目，实现其可持续发展的目标。公众参与和支持是非遗传承和文化遗产保护的基石，需要进一步加强和拓展。通过共同努力，为非遗传承与文化遗产保护工作注入新的活力和动力，推动非遗传承事业在可持续发展和公众参与方面取得更加积极的成果。

第二节　非遗传承与文化遗产保护法律机制的构建框架

一、构建的立法框架

（一）立法框架的理论基础

立法框架是非遗传承与文化遗产保护法律机制构建的基础和起点。在建立立法框架时，需要依据相应的理论基础来确保其科学性和可行性。

文化遗产保护的基本原则是延续性。非遗传承与文化遗产保护法律机制的立法框架应当遵循这一原则，旨在保护和传承传统文化的核心要素，如技艺、技法、习俗、仪式等。通过法律机制的建立，可以确保非遗的传承不断延续，保护其在社会发展中的地位和价值。

立法框架应当体现文化多样性的原则。非遗传承与文化遗产保护是全球性的议题，各国都面临着保护和传承本土文化的任务。在立法框架的构建中，要考虑不同地域、不同族群的特殊性和差异性。这意味着立法框架应当尊重和保护各种文化表达形式，并提供相应的法律支持和保障。

立法框架还应当融入可持续发展的概念。非遗传承与文化遗产保护是一个长期而艰巨的任务，需要确保其能够在不断变化的社会环境中得以持续发展。在立法框架的设计中，要考虑可持续发展的原则，确保法律机制具有适应性和灵活性，以适应社会的变化和发展。

立法框架应当注重社会参与和民主决策的原则。非遗传承与文化遗产保护事关社会的共同利益和文化身份的传承，法律机制的制定过程应当充分体现民主决策的原则，听取相关利益方和社会群体的意见，促进广泛的社会参与。这对于确保立法框架的科学性和公正性具有重要意义。

在建立立法框架的理论基础上，进一步探索立法框架的构建方法，并将其应用于实践中。通过科学合理的立法框架，我们才能有效地推动非遗传承与文化遗产保护的法律机制的建设。

（二）立法框架的构建方法

在非遗传承与文化遗产保护领域，构建合适的立法框架是至关重要的。立法框架的构建方法可以参考以下几点。

深入研究非遗传承与文化遗产保护的实际情况，了解其特点和问题所在。通过对非遗传承的现状进行调研和分析，可以识别出需要解决的法律问题，为立法提供依据和方向。还应该考虑文化遗产保护的多样性和复杂性，确保立法框架能够兼顾各个地域、传统的差异。

充分利用国内外的立法经验和借鉴先进的保护机制。在制定立法框架时，可以参考其他国家和地区的相关法律，借鉴他们在非遗传承和文化遗产保护方面的成功经验。要注意结合我国的国情和具体情况，灵活运用和创新保护机制，使立法框架能够符合我国国情，适应我国非遗传承的需要。

加强各方参与和专家意见的征求。非遗传承与文化遗产保护事关众多利益相关方的权益，在构建立法框架时，必须广泛征求专家、学者和社会各界的意见。通过座谈会、听证会等形式，收集各方对立法的建议和反馈，从而确保立法框架的合理性和科学性。

注重监测和评估，及时调整立法框架。立法框架的构建并非一成不变，应该随着时代的发展和实践的积累进行监测和评估。通过定期的检查和评估，可以发现立法框架在实际应用中存在的问题和不足之处，及时进行调整和完善。要充分利用现代科技手段，建立健全的监督体系，确保立法框架的有效实施。

在立法框架的构建过程中，需要深入调查研究，借鉴国内外经验，广泛征求各方意见，并注重监测和评估。只有通过科学合理的立法框架，才能更好地推动非遗传承与文化遗产保护事业的发展。

（三）立法框架的实践应用

通过实践应用，检验和完善立法框架的可行性和有效性，进一步推动非遗传承与文化遗产保护的法律机制的建立和发展。

实践应用需要建立起一个科学合理的评估体系。这一评估体系应该包括对非遗项目的价值、传承情况以及保护措施的有效性等方面的评估。通过这样的评估体系，对不同的非遗项目进行分类和评级，为立法框架的制定提供科学依据。

实践应用需要强化监督和管理机制。在实践应用过程中，建立一套严格的监督和管理制度，确保非遗传承与文化遗产保护的法律机制得以有效贯彻。这包括加强对非遗传承活动的监测和评估，通过定期的检查、督导和评估，确保非遗传承的有效进行。

实践应用还需要加强各级政府与非遗传承组织的合作和协调。政府部门应当加大对非遗传承与文化遗产保护的支持力度，提供必要的政策支持和资源保障。非遗传承组织也要加强自身的专业能力和管理水平，与政府形成合力，共同推动非遗传承与文化遗产保护事业的发展。

实践应用还需要加强对法律机制的宣传和推广。通过广泛的宣传和推广活动，提升公众的意识和参与度，让更多的人了解和关注非遗传承与文化遗产保护的重要性。也要加强对于法律法规的普及，让更多的人知晓自己的权利和义务，为非遗传承与文化遗产保护提供法律保障。

非遗传承与文化遗产保护的立法框架的实践应用是一个复杂而持续的过程。通过科学合理的评估体系、强化监督和管理机制、加强政府与非遗传承组织的合作与协调以及加强宣传和推广等措施，确保立法框架的有效运行，从而更好地促进非遗传承与文化遗产保护事业的发展。

二、构建的管理框架

（一）管理框架的理论基础

在理论基础方面，借鉴国内外相关领域的研究成果，并结合非遗传承与文化遗产保护的具体情况，建立起合适的理论框架。这些理论框架可以涵盖保护对象的定义、非遗传承的核心概念、遗产价值的评估标准等内容，为管理框架的构建提供了基础和指导。

法律和政策法规也是管理框架的重要组成部分。非遗传承与文化遗产保护需要依托一系列法律法规的支持，其中包括《中华人民共和国宪法》《中华人民共和国非物质文化遗产法》等。这些法律的制定和实施，为管理框架的建设提供了法律依据和保障，使之具备可操作性和合法性。

理论基础还包括政策文件和规划文件的制定与实施。非遗传承与文化遗产保护的管理框架需要与相关的政策文件和规划文件相协调，使其相互支持、相互促进。政策文件和规划文件可以明确相应的管理目标、政策导向、实施措施等，为管理框架的制定和实施提供指引和支持。

实践经验的总结与借鉴也是管理框架的重要组成部分。过去的管理实践为我们积累了丰富的经验和教训，在管理框架的构建中，仔细研究和分析这些实践，寻找其中的成功经验和不足之处，为今后的管理工作提供借鉴和启示。

管理框架的理论基础是非遗传承与文化遗产保护法律机制构建的重要组成部分。通过借鉴理论研究成果、依托法律和政策法规、制定政策文件和规划文件、总结实践经验等多种途径，构建出一个科学、完善、有效的管理框架，以提高非遗传承与文化遗产保护工作的管理水平和效果。

（二）管理框架的构建方法

管理框架的构建是为了确保非遗传承和文化遗产保护工作的有效开展，具备可操作性和可持续性。

1. 明确非遗传承与文化遗产保护的目标和原则

这些目标和原则可以是保护非物质文化遗产的多样性，促进传承传统知识和技能，推动非遗产业的可持续发展等。明确目标和原则有助于指导法律机制的设计和具体措施的制定。

2. 建立相应的组织机构和管理机制

这些组织机构可以是国家级的文化遗产保护部门、地方级的文化遗产保护机构或非遗传承组织等。在构建管理框架时，需要明确各个机构的职责和权限，并建立良好的协作机制和协调机制，以确保各个层级间的有效沟通和协同工作。

3. 制定相应的管理制度和标准

这些制度和标准可以包括对非遗传承项目的申报、评估和认定程序，对非遗传承人员的培训和评价机制，对非遗传承过程的监督和评估方法等。制度和标准的建立有助于规范非遗传承与文化遗产保护工作的进行，提高工作的透明度和可信度。

4. 建立有效的监督与评估机制

这些机制可以包括对非遗传承项目的定期检查和评估，对非遗传承人员的绩效评价，对管理机构和工作人员的监督等。监督与评估的机制可以发现问题和隐患，及时进行纠正和改进，并且为非遗传承与文化遗产保护工作的长期发展提供有力的支持。

（三）管理框架的实践应用

为了有效管理和保护非遗传承的文化遗产，需要建立一套科学、合理的管理框架，并将其应用于实践中。

实践应用管理框架的过程需要遵循一系列原则。这些原则包括全面考虑各方利益，坚持可持续发展的理念，保护和尊重非遗传承的多样性以及促进非遗传承与经济发展的有机结合。这些原则为管理框架的实践应用提供了重要的指导，并确保管理措施的科学性和合理性。

管理框架的实践应用需要具体的操作方法，包括建立相应的机构和组织，在各级政府、专业机构和社区之间建立有效的协作机制。还需要制定详细的管理规定和操作指南，明确非遗传承的管理职责和权限，确保各方在管理和保护工作中的协调与配合。

在实践过程中，管理框架的应用还需要充分考虑社会参与的角色。非遗传承的保护和传承需要全社会的广泛参与和支持，而非遗传承与文化遗产保护法律机制的管理框架应该能够激发和调动社会各方的积极性。这意味着要加强对社会组织、专家学者、传承人和民众的培训和教育，提高他们对非遗传承重要性的认识，并促使他们参与到管理框架的实践应用中来。

在管理框架的实践应用中，要积极借鉴国际经验和成功案例。非遗传承与文化遗产保护在全球范围内都备受关注，各国都积累了丰富的经验和教训。学习借鉴其他国家在管理框架方面的成功做法，结合我国自身实际情况，不断完善和提升管理框架的实践应用效果。

管理框架的实践应用是非遗传承与文化遗产保护法律机制构建的重要环节。通过遵循原则、采取具体方法、加强社会参与和借鉴国际经验，建立起科学、高效的管理框架，更好地保护和传承非遗文化遗产。这将推动非遗传承事业的健康发展，并促进我国文化遗产的综合保护。

三、构建的保障框架

（一）保障框架的理论基础

保障框架是非遗传承与文化遗产保护法律机制构建中的重要组成部分，其构建必须立足于一定的理论基础。在制定和完善保障框架时，需要考虑以下几个方面的理论支持。

1. 文化遗产的重要性

文化遗产代表了一个国家或者一个民族的历史和传统，是其身份认同和文化价值的重要体现。非遗传承与文化遗产保护法律机制构建的目的在于保护和传承这些宝贵的文化遗产，使其得以延续和发展。保障框架的建立必须有着对文化遗产的重视和认识。

2. 法治理念

法治原则要求通过法律手段来保障公民的合法权益，促进社会公平正义。在非遗传承与文化遗产保护的过程中，保障框架的建立必须遵循法治原则，确保相关的法律规定得以实施和执行。只有依法保障文化遗产的传承与保护，才能实现非遗事业的可持续发展。

3. 国际合作与交流

随着全球化的深入发展，文化遗产的保护已经成为国际社会共同关注的问题。国家之间的合作与交流可以促进非遗传承的内涵丰富和技术创新，进一步提升非遗传承的国际影响力。保障框架的理论基础也需要考虑国际合作与交流的相关原则和机制。

在构建保障框架的过程中，综合运用这些理论支持，确保非遗传承与文化遗产保护的法律机制得到有效实施和有效保障。只有在理论基础的指导下，保障框架的构建才能更加科学合理，为非遗传承与文化遗产保护事业的发展提供坚实的基础。

（二）保障框架的构建方法

为了构建有效的非遗传承与文化遗产保护的法律机制，采取一系列的构建方法。

借鉴其他国家和地区的成功经验，学习他们在非遗传承与文化遗产保护方面的做法。通过对比和分析，发现一些成功的保障框架构建方法，并将其应用于我国的法律机制。

积极推动学术研究和专家咨询的参与。非遗传承与文化遗产保护是一个复杂的领域，需要专业知识和经验的支持。通过与学者和专家的密切合作，获得更多的理论指导和实践经验，从而更好地构建保障框架。

注重立法过程的广泛参与和民主决策。为了确保保障框架的可行性和合法性，开展公众听证会、调查问卷和专门委员会等形式的民主参与机制。通过这些机制，听取各方意见和建议，使法律机制更加科学、民主、公正。

加强与相关部门的合作和协调。非遗传承与文化遗产保护是一个涉及多个领域和部门的复合性问题。为了构建有效的保障框架，协调文化、教育、旅游、经济等各个部门的力量。通过建立跨部门协调机制和信息共享平台，实现资源共享、合作共赢，从而构建更加完善的保障框架。

注重保障框架的动态调整和优化。随着社会的发展和问题的变化，保障框架可能需要不断地进行调整和优化。建立健全的监测评估机制，定期对保障框架的有效性和可行性进行评估。通过定期的法律修订和政策调整，及时解决问题，保持保障框架的活力和适应性。

构建有效的非遗传承与文化遗产保护的保障框架需要采取多种方法。借鉴成功经验、学术研究和专家咨询、广泛参与和民主决策、部门合作和协调以及动态调整和优化等方法，将有助于构建一个科学、合理、有效的保障框架，确保非遗传承与文化遗产得到有效的法律保障和管理。

（三）保障框架的实践应用

为了确保非遗传承的有效进行和文化遗产的全面保护，需要各种法律机制和管理措施的支持和实施。

在保障框架的实践应用中，建立健全法律法规是必不可少的。相关的非遗传承与文化遗产保护法律应确立明确的规定，以保护非物质文化遗产的传承权和权益。这意味着要制定专门的非遗保护相关法律和法规，明确非遗传承的定义、范围和保护措施，并将其与文化遗产保护法律相衔接。还需要建立非遗保护专门机构，负责非遗传承的管理、指导和监督。

在保障框架的实践应用中，培养专业人才是重要的一环。非遗传承与文化遗产保护需要一支专业化、专业知识丰富的人才队伍。在保障框架的实践应用中应该加强相关人才培养，包括非遗专业人才的培养和文化遗产保护专业人才的培养。可以通过设立相关专业课程和科研机构，提供培训和研究机会，提高从业人员的专业能力和素质。

与此在保障框架的实践应用中，加强社会参与也是必不可少的。非遗传承与文化遗产保护需要广泛的社会支持和参与，只有社会各界的共同努力，才能真正实现非遗传承和文化遗产保护的目标。在实践应用中，应该鼓励社会各界积极参与非遗保护工作，包括非遗传承的传授、非遗项目的推广和普及、非遗资源的合理利用等方面。可以通过设立社会组织或设立非遗保护基金等形式，鼓励社会各界参与非遗保护，共同推动非遗传承事业的发展。

（四）保障框架的优化策略

1. 加强法律法规的完善

保障框架的优化需要依托完善的法律法规体系。要加强对非遗传承与文化遗产保护的法律法规的研究，及时修订更新，以适应社会发展的需求。在制定法律法规时，要充分考虑非遗传承的特殊性，将非遗传承与文化遗产保护纳入法律保护范畴，明确相关的权益和责任，为保障框架的有效实施提供法律依据。

2. 加强政府的执法监督

保障框架的优化需要政府的有效执法监督。政府要加大对非遗传承与文化遗产保护工作的监督力度，建立健全非遗传承组织和相关机构的考核评估制度，以确保各方面工作的规范和有效性。政府还应加强对非遗传承人的指导和培训，提高其对非遗传承与文化遗产保护法律机制的认识和遵守，从而进一步强化保障框架的实施效果。

3. 推动社会参与和民间组织的发展

保障框架的优化需要广泛的社会参与和民间组织的积极作用。要加强对非遗传承与文化遗产保护的宣传和教育工作，提高公众的意识和参与度。积极引导和支持民间组织的发展，鼓励其参与非遗传承与文化遗产保护工作，为保障框架的实施提供更多的资源和支持。

4. 加强国际合作与交流

保障框架的优化需要借鉴和吸收国际经验，拓宽合作和交流渠道。加强与其他国家和地区的合作，共同研究和解决非遗传承与文化遗产保护的问题。通过国际交流，学习借鉴其他国家的先进经验和做法，进一步完善和优化保障框架，提升非遗传承与文化遗产保护工作的水平和质量。

通过完善法律法规、加强政府监督、推动社会参与和民间组织发展以及加强国际合作与交流，进一步提高非遗传承与文化遗产保护法律机制构建中保障框架的效果，促进非遗传承与文化遗产保护事业的可持续发展。

四、构建的监督框架

（一）监督框架的理论基础

监督框架的理论基础是保障非遗传承和文化遗产保护法律机制的有效实施，并确保其取得预期成效。以下将就监督框架的理论基础进行探讨。

监督框架需要基于全面深入地研究和调研。只有了解非遗传承与文化遗产保护法律机制的执行情况、存在的问题以及相关利益主体的需求，才能确保监督框架具有针对性和有效性。研究者应该开展充分的实证研究，收集并分析相关数据和信息，为监督框架的构建提供科学依据。

监督框架应该考虑非遗传承与文化遗产保护领域的复杂性和多样性。非遗传承的形式众多，包括口述传统、表演艺术、手工艺、舞蹈等，而文化遗产保护涵盖了物质和非物质文化遗产的保护。监督框架应该充分考虑不同非遗项目和文化遗产的特点，确保其具有灵活性和可操作性。

监督框架的理论基础还包括关于监督主体的明确和权责分明的原则。在非遗传承与文化遗产保护的监督过程中，可能涉及多个利益主体，包括政府机构、非遗传承人、社区组织等。监督框架应该明确监督主体的职责和义务，确保监督过程的透明和公正性。

监督框架的理论基础还涉及法治原则的贯彻。非遗传承与文化遗产保护法律机制的监督应当遵守法律法规，并且监督行为应当合法、合规，确保监督的合法性和权威性。监督框架应该包括监督结果的反馈和评估机制，以不断完善和提升监督工作的水平和效果。

监督框架的理论基础涉及全面深入的研究、灵活可操作的特点、明确的监督主体和依法监督等原则。这些原则为监督框架的构建提供了指导，并将为非遗传承与文化遗产保护法律机制的有效实施提供有力保障。下面将进一步探讨监督框架的构建方法。

（二）监督框架的构建方法

监督框架的作用是确保非遗传承与文化遗产保护活动的有效实施，并为相关机构和个人提供指导与约束。在构建监督框架时，以下几个方法是需要注意的。

1. 制定明确的监督目标和标准

监督框架的主要目标是保证非遗传承与文化遗产保护活动的合法性、规范性和有效性。明确的监督目标需要明确列出，并建立相应的评估指标和标准。这些指标和标准应该能够客观评估非遗传承与文化遗产保护的各个方面，包括传承实践活动的内容和质量、相关机构的管理和运作等。

2. 建立多层次的监督机制

监督框架应该采取多种形式和层次的监督方式，以确保监督的全面性和有效性。可以建立监督机构和专门的监督部门，负责对非遗传承与文化遗产保护活动进行常态化的监督工作。可以借鉴社会力量进行监督，例如，设立非政府组织、专业协会等，参与监督工作，提供公正的评价和监督意见。

3. 加强信息化建设和监督工具的应用

随着科技的发展，信息化建设对监督框架的构建具有重要的支撑作用。可以建立非遗传承与文化遗产保护活动的信息化平台，对相关数据进行收集、分析和监测，为监督工作提供科学依据。可以运用现代技术手段，如人工智能、大数据等，加强对非遗传承与文化遗产保护活动的实时监督和反馈。

4. 加强法律意识和法治建设

监督框架的构建需要在法律框架下进行，相关法律法规的制定和完善是保障监督框架有效运行的基础。需要加强对相关机构和个人的法律意识教育，提高他们对非遗传承与文化遗产保护法律的理解和遵守，从而推动监督框架的有效实施。

通过制定明确的监督目标和标准、建立多层次的监督机制、加强信息化建设和监督工具的应用、加强法律意识和法治建设等方法，可以有效构建一个科学、规范、有效的监督框架，为非遗传承与文化遗产保护的长期发展提供有力支持。

（三）监督框架的实践应用

监督是保障非遗传承与文化遗产保护法律机制有效运行的关键环节，也是确保保护措施得以落地和执行的重要手段。

实践应用中，监督框架需要建立起合理的法律依据和法规体系。这要求相关监管机构和部门要深入研究相关法律法规，充分理解监督职责和权限。需建立健全监督工作的操作规范和流程，确保监督力度的透明、公正、有序。

监督框架的实践应用需要依托信息化技术的支持和发展。与时俱进的信息技术可以帮助监管机构更加高效地获取、分析和处理监督信息。监督部门可以通过建立信息平台、搭建数据共享机制等方式，促进监管信息的流通和共享，提高监督工作的精度和效果。

实践应用中，监督框架需要注重与相关机构和社会各方的合作与协调。非遗传承与文化遗产保护是一个复杂而庞大的系统工程，涉及多个部门、行业和利益相关方。监督机构需要积极与相关机构建立有效的合作机制，共同制定监督标准和指标，提升监督工作的针对性和协同性。

监督框架的实践应用还需重点关注监督的效果评估与改进。监督工作的目的在于推动非遗传承与文化遗产保护的全面发展，因此，监督机构应加强对监督措施实施效果的评估和监测。根据评估结果，及时调整和改进监督手段和方法，以提高监督工作的针对性和有效性。

第三节 非遗传承与文化遗产保护法律机制的构建策略

一、完善法律法规

（一）现行法律法规的适应性分析

现行法律法规在非遗传承与文化遗产保护方面的适应性存在一定不足。由于非遗传承的复杂性和多样性，现行法律法规无法全面覆盖各类非遗项目及其传承方式。例如，某些非遗项目传承涉及土地使用权和产权问题，但现行法律法规对此类问题的规定较为模糊，无法提供明确指导。

现行法律法规在非遗传承与文化遗产保护方面的适应性也受到执行难题的制约。尽管已有一系列法律法规对非遗传承与文化遗产保护作出规定，但在实践层面，执法力度不够强劲，很多非遗项目的传承和保护工作仍面临困境。其中，执法人员对非遗项目的特点和保护需求了解不足，也存在执法标准不一致的问题，导致执行力度不够统一和有力。

为了提升现行法律法规在非遗传承与文化遗产保护领域的适应性，需要采取一系列策略与建议。应加强与非遗传承实践相关的研究，深入了解各个非遗项目的特点和传承方式，以便在法律法规制定和修改时能更好地考虑实际需要。还应加大对执法人员的培训力度，提高其对非遗传承和文化遗产保护的专业知识和执行能力，确保法律的有效实施。

应鼓励各级政府和社会组织的积极参与，通过社会共治的方式，推动非遗传承与文化遗产保护工作的开展。政府可以制定更多的激励政策，鼓励社会组织开展非遗传承活动，同时加大投入，提供更加充足的资源保障。

现行法律法规在非遗传承与文化遗产保护方面的适应性存在一定问题，但通过加强研究、提高执法水平、推动社会共治等措施，可以进一步完善法律法规，更好地促进非遗传承与文化遗产保护工作的开展。

（二）法律法规完善的必要性

为了保护和传承非物质文化遗产，我国已经制定了相关的法律法规。随着社会的发展和文化遗产面临的新问题和新挑战的出现，现行的法律法规在适应性上存在一定的不足。

非遗传承与文化遗产保护的法律法规需要与时俱进。随着科技的进步和社会的变迁，非物质文化遗产的保护与传承面临着新的形势和需求。根据实际情况，不断修订和完善现行法律法规，以适应新的发展要求。

现有的法律法规需要更加全面地保护非遗传承与文化遗产。目前，我国的法律法规主要侧重于保护非物质文化遗产的实物形态和表现方式，而非物质的传承方式和知识技能等方面的保护相对不足。加强对非物质文化遗产的综合性保护，不仅要关注其实物形态，还要注重传承方式、知识技能的传承和保护。

加强法律法规对非遗传承与文化遗产保护的监督和执法力度也是必要的。现行的法律法规虽然规定了一系列保护措施和责任，但在实际执行中存在一些问题，如执法力度不足、监督机制不完善等。加强对非遗传承与文化遗产保护的监督和执法力度，确保法律法规的有效实施。

宣传教育在非遗传承与文化遗产保护中起着重要作用。公众对非物质文化遗产的认识和重视程度还不够，很多人对非遗传承的认知和理解仍存在误区。加强非遗传承与文化遗产保护的宣传教育，提高公众对非物质文化遗产的认知和理解，增强社会对非遗传承的支持和参与。

非遗传承与文化遗产保护的法律法规完善是十分必要的。我们应根据实际情况，不断修订和完善现行法律法规，以适应新的发展要求。加强对非物质文化遗产的全面保护，加强法律法规的监督和执法力度以及加强宣传教育，将有助于推动非遗传承与文化遗产保护工作的进一步发展。

（三）完善法律法规的策略与建议

1. 建立修订机制

建立一个法律法规的修订机制，定期对现行法律法规进行评估和更新。该机制应该涵盖多方面的参与，包括相关部门、专家学者、非遗传承人和民间组织等。通过广泛的意见征集和专业的讨论，确保修订过程的合法性和科学性。

2. 关注可操作性

重视非遗传承与文化遗产保护的法律法规可操作性的问题。在制定法律法规时，应考虑到实践中的可行性，避免出现抽象和空洞的规定。需要加强对执法机关和相关人员的培训，提高他们对非遗保护的法律法规的理解和应用水平。只有在法律条文的正确理解和正确执行的前提下，才能更好地推动非遗传承与文化遗产保护工作的开展。

3. 加强对法律法规的宣传和教育

通过多种渠道，如网络、电视、报纸、期刊等，向公众普及非遗传承与文化遗产保护的法律法规，提高公众对非遗保护的认知和参与度。加强教育领域中非遗保护的内容，将非遗传承与文化遗产保护理念融入学校教育中，培养青少年对非遗保护的关注和理解，为未来的非遗传承工作打下坚实的基础。

4. 大力推动社会共治机制的建立与发展

尊重非遗传承人的主体地位，鼓励社会各界广泛参与到非遗保护中来，形成非遗传承与文化遗产保护的社会共治格局。通过与非遗传承人、社区、民间组织等的合作，制定相关的规章制度，推动非遗保护的参与主体多元化和协同发展。

5. 加强国际合作与交流

在非遗传承与文化遗产保护的法律法规完善过程中，应积极参与国际交流与合作，学习借鉴国际经验和成功案例，加深对国际法规的了解和运用。加强与国际组织和国际社会的联系，推动非遗保护的国际合作与交流，共同推动非遗传承与文化遗产保护事业的发展。

二、加强执法力度

（一）执法环境的现状与问题

1. 执法现状分析

执法环境是指非遗传承与文化遗产保护法律机制实施的具体环境条件和社会现实。目前，我国在非遗保护方面推出了一系列的法律法规，如《中华人民共和国非物质文化遗产法》《中华人民共和国文物保护法》等，以确保非遗传承的持续进行。在实际执法过程中，仍存在一系列问题和挑战。

2. 执法问题的存在

执法机构的力量不足，导致执法实施难度加大。尽管我国政府在非遗保护方面加大了投入，但由于非遗项目众多且分布广泛，人力、物力等资源相对有限，导致执法力度难以覆盖所有地区和项目。

执法过程中缺乏专业性和统一标准。非遗传承与文化遗产保护的执法需要具备一定的专业知识和技能，目前，执法人员的专业培训和能力提升力度还不够，导致执法的执行效果参差不齐。

执法执纪不一，执行力度不够。由于非遗传承与文化遗产保护涉及多个执法部门和行政管理单位，执法执纪的一致性和协同性较差，执法力度不够统一。这导致了在执法过程中，执法行为的触发标准、处罚措施等存在差异，给非遗传承的保护带来了不确定性。

3. 执法环境存在的问题分析

在当前的执法环境下，以上问题的存在给非遗传承与文化遗产保护带来了一系列的困扰。执法力度的不足导致了一些非遗项目的非法侵害时有发生，给非遗传承带来了很大的威胁。执法标准和执法透明度的不一致，使非遗传承与文化遗产保护的执法变得模糊和不可揣测。除此之外，执法环境的问题也给非遗传承与文化遗产保护工作者造成了一定的困扰，导致一些积极性不高，甚至放弃保护工作的情况发生。

（二）加强执法力度的具体措施

为了加强非遗传承与文化遗产保护的执法力度，需要采取一系列具体措施。

1. 建立健全执法体系

这包括制定和完善相关的执法法规，明确非遗保护的法律责任和执法程序。加强执法机构的建设和培训，提高执法人员的素质和能力，确保他们具备全面的法律知识和专业的执法技能。

2. 建立健全执法检查和评估机制

加强对非遗传承与文化遗产保护执法工作的监督和评估。建立健全执法检查和评估机制，定期对执法工作进行全面的评估和监察，发现问题及时纠正，确保执法过程公正、透明、规范。加强与执法对象和社会各界的沟通和合作，形成共治共建的良好局面，共同推动非遗传承与文化遗产保护工作。

3. 加强宣传教育

通过开展各种形式的宣传活动，提高公众对非遗传承与文化遗产保护的认知和重视，增强社会的文化遗产保护意识。定期组织培训和研讨会，提升公众对相关法律法规和执法政策的了解程度，增加对执法工作的信任和支持。

4. 加强对侵权行为的打击力度

制定严格的法律法规，对非遗传承与文化遗产保护的侵权行为进行明确的界定，并规定相应的处罚措施。加大对侵权行为的查处和打击力度，形成强力的执法震慑，维护非遗传承与文化遗产保护的合法权益。

三、推动社会共治

（一）社会共治的理论基础

从理论上讲，社会共治的基础是人们对社会问题的共同认知和共同承担责任的意识。它强调社会各个主体之间的互动和合作，通过协商、合作、共享资源来解决问题，实现社会和谐稳定。

在非遗传承与文化遗产保护领域，社会共治的理论基础是基于文化认同和文化自信的共同价值观。非遗传承是一种传承和弘扬优秀传统文化的方式，旨在让更多的人了解、认同和参与到非遗保护中来。社会共治的理论基础正是通过共同的文化价值观，使各个社会主体形成共同的目标和行动，从而达到有效保护和传承非遗的目的。

社会共治的理论基础还包括公共参与和民主决策的原则。在非遗传承与文化遗产保护领域，各级政府、相关机构、专业组织、非遗传承人等都是社会共治的主体。而在制定保护政策、决策和管理过程中，广泛的公众参与和民主决策是必不可少的。只有通过广泛的公众参与，才能更好地保障非遗的传承和保护工作的合法性与公正性。

社会共治的理论基础还体现在对非遗传承与文化遗产保护问题的共同治理意识。在非遗传承与文化遗产保护中，涉及多个部门、多个利益相关方，因此，需要形成共同的治理意识，共同努力解决问题。只有形成共同的治理意识，才能够增强各个主体之间的合作和协调，避免相互之间的冲突和利益的矛盾，进一步推动非遗传承与文化遗产保护工作向前发展。

社会共治作为一种新兴的治理模式，在非遗传承与文化遗产保护领域的实践中发挥着重要作用。其理论基础包括基于共同价值观的文化认同和文化自信、公共参与和民主决策原则、共同治理意识等。只有在这些理论基础的指导下，才能有效地推动非遗传承与文化遗产保护工作的社会共治。

（二）非遗传承与文化遗产保护的社会共治模式

社会共治作为一种新兴的治理模式，强调多元主体参与、民主决策和协同合作，也为非遗传承与文化遗产保护提供了有力支持。在社会共治模式下，政府、专业机构、社区组织和民间团体等不同主体之间形成了相互合作的关系，共同参与非遗传承与文化遗产保护的各个环节。

社会共治模式强调政府与社会各界的合作和协商。政府在非遗传承与文化遗产保护中发挥着重要的引领和协调作用，但不能单凭政府的力量完成所有任务。社会各界的参与是不可或缺的一部分。政府可以通过成立非遗保护协调机构，组织相关各方进行讨论和决策，以确保各方利益的平衡和协调。这种合作和协商的方式，能够更好地调动社会资源、凝聚社会智慧，共同推动非遗传承与文化遗产保护的工作。

社区组织在社会共治模式中扮演着重要角色。社区作为非遗传承和文化遗产保护的基层单位，具有丰富的传统文化资源和人力资源。社区组织可以发挥他们的专业知识和经验，对非遗项目进行甄别与评估，为其提供技术支持和管理指导。社区居民也应当作为非遗传承与文化遗产保护的直接受益人，积极参与相关活动，通过传统技艺的学习和传承，增强对文化遗产的认同和保护意识。

专业机构在社会共治模式中也具有重要地位。这些机构拥有丰富的专业知识和研究能力，可以提供专业的指导和技术支持。他们可以组织开展相关的调研和考古工作，对非遗项目进行科学的保护与传承方案设计。他们还可以承担起对非遗项目的培训和教育工作，传授相关知识和技能，提高非遗传承人的专业水平和技艺。

在社会共治模式的司法保障方面，相关的法律法规和政策也需要进一步完善。社会共治模式的引入和实施需要有相应的法律法规进行支持和保护。这包括对非遗传承与文化遗产保护的法律法规制定、执法力度加强和监管机制健全等方面的工作。只有通过法律法规的完善和执法力度的加强，才能够有效推动社会共治模式在非遗传承与文化遗产保护中的落地和实施。

政府、社区组织、专业机构和民间团体的共同参与，能够形成良性互动、合力推动非遗传承与文化遗产保护的工作。需要加强法律法规的完善和执法力度，为社会共治模式的实施提供法律保障。只有通过多元主体的共同努力，才能真正实现非遗传承与文化遗产保护目标的有效推进。

（三）社会共治的实施路径

政府应该加强相关法律法规的制定和完善，以建立健全的法律机制来保护非遗传承与文化遗产。这些法律法规应该涉及非遗传承的各个方面，包括非遗项目的认定和保护、传承人的权益保护、非遗传承机构的建设等。政府也应该制定有效的执法措施，确保这些法律法规的有效实施和有效执法。

社会各界应积极参与到非遗传承与文化遗产保护工作中来，共同推动社会共治的实施。非遗传承与文化遗产保护不仅仅是政府的责任，更是全社会的共同责任。各种社会组织、民间团体、非营利机构等都应承担起责任，积极参与非遗传承和文化遗产保护的实践，发挥各自的专长和优势。例如，可以组织非遗传承项目的培训，提供相关技术、经验和资源支持；可以开展非遗传承项目的宣传与推广活动，增加公众对非遗的认同与支持。

加强宣传教育，提高公众对非遗传承与文化遗产保护的意识和认知。公众的参与和支持是社会共治的基础和动力。通过开展专题讲座、展览、演出等形式的宣传活动，向公众普及非遗传承的意义和价值，让更多人了解和关注非遗传承与文化遗产保护的重要性。要加强非遗传承教育，培养更多的非遗传承人和爱国人士，为非遗传承与文化遗产保护事业做出贡献。

建立健全的评价体系，评价社会共治的效果。社会共治需要实际成效的验证与评估，只有通过科学的评价标准与方法，才能了解社会共治的实践是否取得了预期的效果。需要明确具体的评价指标，如非遗传承项目的传承率、受益人的满意度、社会参与度等。要建立评价的数据收集与分析机制，积极借鉴先进经验，对社会共治的各个方面进行定量与定性的评估，为进一步优化社会共治的实施提供科学依据。

（四）评价社会共治效果的标准与方法

在推动非遗传承与文化遗产保护的社会共治过程中，评价社会共治效果的标准与方法变得至关重要。通过科学、合理的评价，可以客观地衡量社会共治的成效，并为进一步改善和优化社会共治机制提供参考依据。

评价社会共治效果要考虑非遗传承与文化遗产保护的核心目标。这包括非遗项目的传承情况、文化遗产的保护状况以及社会对非遗传承与文化遗产保护的认知和参与程度。在评价标准上，可以制定指标体系，包括非遗项目的数量、传承层级、参与人数等方面的信息。考虑到文化遗产丰富多样的特点，还可以针对不同类型的遗产制定相应的评价指标，以确保评价的全面性和准确性。

评价社会共治效果需要注重非遗传承与文化遗产保护活动的影响力和可持续性。社会共治的目的在于引导广大社会成员参与到非遗传承与文化遗产保护中来，因此，评价时要考虑这些活动对社会的影响程度及其持续性。可以通过调查问卷、访谈等方式，收集社会成员的意见和反馈，以确定社会共治活动的受益人数、参与程度以及对社会认同和身份的影响。

评价社会共治效果需要考察法律法规的落地实施和执法力度。社会共治的推动需要依托健全的法律法规体系和有效的执法力度来支持和保障。在评价社会共治效果时，需要关注相关法律法规的完善程度、执法机构的专业性和执法人员的执法效力。通过调研、数据分析和实地考察等手段，可以评估法律法规的实施情况和执法力度的有效性。

评价社会共治效果还要关注宣传教育工作的效果和影响力。宣传教育是非遗传承与文化遗产保护工作的重要组成部分，可以通过多种形式和渠道向公众传播相关知识和价值观念。评价宣传教育工作的效果要考虑宣传手段的多样性和覆盖面，同时还需要关注公众对非遗传承与文化遗产保护的认知度和参与度的提高程度。通过开展问卷调查、举办座谈会等方式，可以深入了解公众对宣传教育的反馈和意见，从而评估宣传教育工作的效果和影响力。

四、加强宣传教育

（一）宣传教育的现状与问题

目前，我国在宣传教育方面还存在着一些现状和问题。非遗传承与文化遗产保护的宣传教育工作的覆盖范围相对有限。在许多地区和社区，宣传教育资源的缺乏导致大众对非遗传承与文化遗产保护的认知仍然存在片面性和不够全面的问题。宣传教育的方式与手段还比较传统，未能充分利用现代媒体和社交平台等新兴媒介的潜力。宣传教育内容也需要更加贴近人民群众的需求和兴趣，以引起广大群众对非遗传承与文化遗产保护的积极关注和参与。

针对以上问题，要加强宣传教育的力度与广度。在宣传教育的覆盖范围上，应该做到全面覆盖，不仅注重城市地区，还要关注农村和少数民族地区，确保每个群体都能够接触到非遗传承与文化遗产保护的相关知识。在宣传教育的方式与手段上，借助现代媒体和社交平台等新兴媒介，将宣传教育的内容传播到更多人群中。通过网络、电视、手机等渠道，将非遗传承与文化遗产保护的故事传递给观众，引发共鸣和参与。我们还需要创新宣传教育的内容，加强针对性和实用性。可以运用各种形式，如微电影、纪录片、演讲、展览等，让大家更直观地了解非遗传承与文化遗产保护的意义和价值。

（二）加强宣传教育的重要性

宣传教育是传承非遗精神、激发社会参与意识、推动文化传统活化的重要手段。加强宣传教育能够增强全社会对非物质文化遗产的认识和重视。通过宣传教育，人们能够了解非遗的独特魅力、丰富内涵，提高对非遗的保护意识和责任感。加强宣传教育可以促进公众对非遗的参与和支持。通过宣传教育，人们可以深入了解非遗项目的历史背景、技艺特点，激发他们的兴趣和热情，积极参与非遗传承保护。加强宣传教育还能弘扬非遗的社会价值和精神内涵。通过宣传教育，人们可以了解非遗项目背后传递的文化、道德、艺术等方面的价值观，使非遗更好地与现代社会相互融合、相得益彰。加强宣传教育能够提升非遗传承人的社会地位和形象。通过宣传教育，人们可以认识到非遗传承人的努力和贡献，对他们给予应有的尊重和支持。这有助于非遗传承人更好地传承和发展非遗项目，激励更多人加入非遗传承的队伍中。

加强宣传教育在非遗保护和传承中具有重要的地位和作用。政府、相关部门应加大宣传教育的力度，提高宣传教育的质量和水平。可以通过举办展览、演出、比赛等形式，将非遗项目展现给公众，让人们亲身感受非遗的独特魅力；可以利用媒体和网络平台，加强对非遗的报道和宣传，让更多的人了解非遗的价值和意义；还可以加强非遗教育的力度，将非遗传承纳入学校的课程体系，培养青少年对非遗的兴趣和理解。除此之外，还需要加强非遗传承人的培训和支持，提高他们的专业水平和传承能力，让他们成为非遗宣传教育的重要力量。

（三）宣传教育的具体形式与内容

宣传教育在非遗传承与文化遗产保护中起着举足轻重的作用，对于增强社会对非遗的认知、培养非遗传承人才、激发公众参与非遗保护的热情至关重要。为了提高宣传教育的效果，采取多种形式，结合各种媒介手段以及注重内容的丰富与鲜活，使宣传教育能够深入人心、广泛传播。

通过举办非遗展览与展示活动，可以让公众近距离接触非遗作品、技艺与文化内涵。这样的活动可以以非遗形态展示非遗项目的魅力，同时通过文字、图片、影像等多种方式，展示非遗的历史、价值与保护成果。这样一来，公众不仅能目睹非遗技艺的精湛，也能更加深入地了解非遗的文化传承与保护意义。

利用新媒体平台进行非遗的宣传教育也是一条重要途径。如今，互联网和社交媒体平台已经成为人们获取信息、交流观点的重要渠道。通过在微信公众号、微博、短视频平台等新媒体上发布非遗相关的内容，可以迅速传递信息、吸引人们的关注。而作为宣传教育的载体，新媒体平台的优势在于可以将非遗的精华内容以更加生动、富有创意的形式呈现给公众，激发他们对非遗的兴趣与热爱。

非遗宣传教育还可以结合文化艺术演出，将非遗项目与其他艺术形式相结合，通过音乐、舞蹈、戏剧等艺术形式的表达，使非遗得以更好地融入当代社会的审美与生活中。这样的演出形式能够吸引更多的观众，让他们在欣赏文化艺术的过程中同时感受到非遗的卓越之处，增强对非遗的关注与体验。

非遗宣传教育还可以通过开展非遗知识普及活动，提升公众的文化素养。例如，组织讲座、研讨会，邀请非遗专家学者与非遗传承人开展交流与分享，帮助公众了解非遗的历史渊源、传承困境和保护现状。还可以开展非遗体验活动，让公众亲身参与非遗技艺的学习与实践，增加非遗的亲和力与吸引力。

参考文献

[1] 黄永林. 中国非物质文化遗产的保护利用 [M]. 武汉：华中师范大学出版社，2023.

[2] 郭冉. 海上丝绸之路水下文化遗产保护法律制度研究 [M]. 北京：知识产权出版社，2023.

[3] 李小苹. 非物质文化遗产法律保护研究 [M]. 北京：中国社会科学出版社，2022.

[4] 王文章. 中国非物质文化遗产大辞典 [M]. 武汉：崇文书局有限公司，2022.

[5] 白庚胜，孙淑玲. 非物质文化遗产保护工作手册 [M]. 贵阳：贵州民族出版社，2022.

[6] 苏艳英. 燕赵非物质文化遗产法律保护机制研究 [M]. 北京：中国政法大学出版社，2022.

[7] 李永东，刘亚杰. 文化遗产保护与文化产业发展 [M]. 北京：中国经济出版社，2021.

[8] 郑土有. 非物质文化遗产保护沉思录 [M]. 上海：上海远东出版社，2021.

[9] 丁虹. 非物质文化遗产数字化研究 [M]. 昆明：云南美术出版社，2021.

[10] 王媛. 非物质文化遗产的文化认同问题研究 基于中国经验分析 [M]. 上海：上海交通大学出版社，2021.

[11] 李颖科，董文强，程圩，等. 中国文化遗产保护发展体系概论 [M]. 西安：西北工业大学出版社，2021.

[12] 王霄冰，胡玉福. 非物质文化遗产保护标准研究资料汇编 [M]. 广州：中山大学出版社，2021.

[13] 张国超. 我国公众参与文化遗产保护机制研究 [M]. 武汉：华中师范大学出版社，2020.

[14] 闫俊. 中国世界文化遗产保护与管理路径探析 [M]. 长春：吉林大学出版社，2020.

[15] 付爱云. 我国文化遗产法律保护问题研究 [M]. 长春：吉林出版集团股份有限公司，2020.

[16] 朱祥贵. 少数民族非物质文化遗产教育传承权研究 [M]. 北京：民族出版社，2020.